PETER D. HOWARD - WALKER.

GRAMMAIRE KISWAHILI

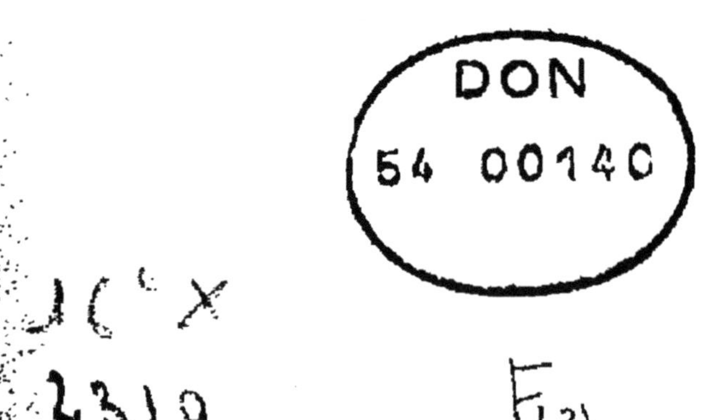

GRAMMAIRE KISWAHILI

PAR

LE P. DELAUNAY

DE LA SOCIÉTÉ DES MISSIONNAIRES D'AFRIQUE

(PÈRES BLANCS)

MISSIONNAIRE AU TANGANYKA

MAISON-CARRÉE (ALGER)

IMPRIMERIE DES MISSIONNAIRES D'AFRIQUE

1927

GRAMMAIRE KISWAHILI

INTRODUCTION

Une grammaire a pour but d'enseigner à parler et à écrire correctement ; c'est pourquoi dans ce travail nous nous sommes appliqués à donner les règles d'un kiswahili pur et correct. Il ne doit point suffire à un Blanc, surtout à un missionnaire, d'arriver seulement à se faire comprendre. Pour conserver son prestige auprès des Noirs, il faut qu'il parle bien leur langue. Nous pouvons affirmer que le kiswahili, dont nous donnons ici les règles, est le vrai kiswahili employé en conversation par ceux qui parlent bien. D'abord il n'y a pas une règle, dont nous n'ayons, par nous-mêmes, constaté l'exactitude. Le fils du Gouverneur d'Oujiji, qui connaît bien sa langue, s'est mis à notre disposition, et nous a donné tous les renseignements dont nous avons eu besoin. Nous nous sommes aussi aidés de M. Steere, qui a bien su trouver la clef du kiswahili. Son manuel nous a été de la plus grande utilité, d'abord pour apprendre la langue, ensuite pour composer ce travail.

La grammaire est divisée en deux parties : dans la première nous traitons successivement des différentes parties du discours, mais en ne donnant que les règles d'accord et de conjugaison ; dans la seconde partie se trouvent quelques règles de syntaxe, et la manière de rendre certaines expressions françaises qui n'ont pas de correspondant en kiswahili.

Pour faciliter l'étude et l'intelligence des règles, nous avons placé au bas des pages une série d'exercices correspondant aux règles données au-dessus. Nous avons préféré cette disposition à celle qui consiste à diviser la grammaire en leçons suivies d'exercices, parce qu'elle a l'avantage très appréciable de ne pas interrompre la suite et l'enchaînement de la grammaire. Au commencement de chaque exercice il y a une liste de dix mots nouveaux ; celui qui voudra s'astreindre à les apprendre chaque jour, se trouvera savoir, à la fin, assez de mots pour parler couramment. Nous nous sommes appliqués aussi à ne mettre, dans chaque exercice, que des mots vus précédemment. De cette façon, l'exercice, en même temps qu'il forme à l'application des règles, ramène à l'esprit les mots déjà connus, et les fixe dans la mémoire.

Tous ceux qui ont étudié le kiswahili sont d'accord pour l'écrire en caractères romains ; la lecture ne présentera donc pas de difficulté. Cependant quelques lettres n'ayant pas absolument la même prononciation qu'en français, nous donnons l'alphabet, avec la valeur de chaque lettre, et nous le faisons suivre de quelques considérations sur certaines lettres en particulier.

A	=	a	bref.
B	=	b	
CH	=	tsh	souvent prononcé *Ky*.
D	=	d	suivi d'un *y*, l'articulation s'adoucit, se mouille, disparaît en partie, pour donner un son intermédiaire entre *di* et *gui*.(1)
E	=	é	
F	=	f	quelquefois confondu avec *v*.
G	=	g	toujours dur.
H	=	h	toujours aspiré.
I	=	i	
J	=	dj	le *djîme* arabe

(1) Nota : Ce son s'exprime plus couramment par l'usage du *j*. Ainsi on écrit maintenant *japo* au lieu de *dyapo*, *jana* au lieu de *dyana*.

K	=	k	
L	=	l	*l* et *r* sont considérés comme une même lettre, et mis indifféremment l'un pour l'autre : *Tura* = *Tula*. (1)
M	=	m	
N	=	n	*ny* se prononce le plus souvent comme notre *gn* mouillé dans *igname*, *ignorance*.
O	=	o	
P	=	p	
R	=	r	
S	=	s	toujours dur.
SH	=	ch	
T	=	t	
U	=	ou	
V	=	v	
W	=	ou	il est toujours consonne, par conséquent, doit toujours être joint à une voyelle pour former syllabe ; c'est le *ouaou* arabe. Ainsi, *wa* fait une seule syllabe, et se prononce par une seule émission de voix, tandis que *ua* fait deux syllabes, et se prononce par deux émissions de voix (*u-a*).
Y	=	y	toujours consonne, comme *w*, et ne peut former syllabe que joint à une voyelle ; c'est le *ya* arabe. Ainsi *ya*, dans *ku-le-vya*, se prononce *ku-le-vya*, tandis que *ia* dans *ambia* se prononce *a-mbi-a*, *i* et *a* faisant deux syllabes.
Z	=	z	

(1) Eviter cependant cette confusion qui est plus spéciale aux enfants.

GH — représente la lettre arabe *ghain*, et se prononce du gosier ; c'est un *r* grasseyé, dit M. Bresnier.

KH — représente la lettre arabe *khâ* ; ne doit pas se prononcer *h* ; c'est une très forte aspiration ; remplace aussi le *ha* arabe.

TH — représente la lettre arabe *dzal* ; se prononce comme le *th* doux anglais, remplace aussi le *tsâ*, le *sâd* et le *dzâ*.

NOTA 1°. — Les Noirs de l'Intérieur éprouvent une grande répugnance pour la rencontre de deux voyelles entre deux mots ou dans le corps d'un mot. La plupart, pour éviter cette rencontre, intercalent un *l*, et disent *tala* pour *taa*, *kutwala* pour *kutwaa*, *lete lungo* pour *lete ungo*.

NOTA 2°. — M. Steere donne au *j* tantôt la valeur de *dj*, tantôt celle de *dy*, tantôt celle de *g*. Il écrit avec *j*, *kungoja*, attendre, qui se prononce *kungodya* ; *mji*, ville, qui se prononce *mgi* ; *kuvunja*, briser, qui se prononce *kuvundja*. Il a probablement emprunté cette orthographe aux Arabes, qui sont obligés d'écrire de la sorte, à cause de l'insuffisance de leur alphabet. Nous avons cru devoir la changer, à cause de l'inconvénient grave qu'elle a de donner, à ceux qui étudient dans la grammaire, une prononciation fausse, dont ils ont ensuite beaucoup de peine à se défaire. Nous n'avons donc conservé au *j*, qu'une seule prononciation, celle de *dj*, le *djim* arabe ; et nous écrivons *kungodya*, attendre ; *kudyenga*, bâtir ; *mgi*, ville, et non *kungoja*, *kujenga*, *mji* ; mais il faut bien se rappeler que *y* est consonne, mais que *dya* ne fait qu'une syllabe.

NOTA 3°. — La lettre *n* amène quelques difficultés dans les accords. Ainsi les adjectifs qualificatifs commençant par *ch, f, h, k, p, s, t,* rejettent *n,* quand, d'après les règles d'accord, ils devraient le prendre en préfixe. Ceux qui commencent par *b, v, w,* changent *n* en *m,* et prennent cet *m* comme préfixe. Ceux qui commencent par *l, r,* changent *l, r,* en *d,* afin de pouvoir admettre *n* comme préfixe.

M. Steere a voulu généraliser ces caprices que subit la lettre *n,* et des adjectifs les a étendus aux substantifs. Il trouve là l'explication d'une exception apparente, qu'offre la troisième classe à la règle générale des autres classes. Les noms de la troisième classe en effet commencent par toutes sortes d'initiales, et la seule marque qui indique qu'ils appartiennent à cette classe c'est qu'ils ont le pluriel semblable au singulier ; tandis que les autres classes ont chacune des préfixes, invariables pour tous les noms, au singulier et au pluriel.

D'après M. Steere, cette exception n'est qu'apparente. La troisième classe suivrait la règle générale ; elle aurait, elle aussi, un préfixe propre, qui serait *n* devant une consonne et *ny* devant une voyelle, tant au singulier qu'au pluriel. Tous les noms de la troisième classe devraient donc régulièrement commencer par *n.* Un grand nombre en effet commencent ainsi. Si beaucoup commencent par d'autres consonnes c'est, ou qu'ils sont étrangers à la langue, ou que leur consonne initiale est incompatible avec *n* ; ils font partie de la classe, sans en prendre les initiales. Si quelques-uns commencent par *mb, mv,* c'est que *n* s'est changé en *m* devant *b, v.* (1)

Cette théorie est très plausible ; cependant elle laisse quelques difficultés, qui ne paraissent pas faciles à résoudre. Puisque *n* peut subsister devant *d, g, j, z,* pourquoi trouve-t-on dans la troisième classe des mots

(1) *Ncha,* pointe, sommet, bout, — *nchi,* pays, contrée, — *nso,* rognons, reins, — *nta,* cire, font exception à la règle générale ; *n* subsiste devant *ch, s, t.*

qui commencent par ces lettres ? Pourquoi *n* aurait-il disparu ? D'autres mots commencent par une voyelle ; pourquoi n'ont-ils pas *ny* en préfixe ? Enfin des mots commençant par *n* devant une voyelle sont rangés dans cette classe, comme *nanga*, ancre, *nelli*, pipe à eau, *noondo*, papillon de nuit ; pourquoi ces mots ne font-ils par *ny* ? Probablement il y a là une de ces irrégularités, si fréquentes dans toute langue, dont il ne faut pas chercher la raison, le pourquoi ; l'usage le veut ainsi.

Nota 4°. — Une question du même genre, et qui reste également sans complète solution, existe au sujet des singuliers de la cinquième classe. Les adjectifs qui doivent s'accorder avec un singulier de cette classe prennent *dy*, quand ils commencent par une voyelle ; or un certain nombre de substantifs appartenant à la même classe prennent aussi *dy*, quand ils commencent par une une voyelle, et *dyi*, s'ils sont monosyllabiques, comme *dyiko*, foyer, plur. *meko* ; *dyino*, dent, plur. *meno* ; *dyambo*, affaire, plur. *mambo* ; *dyicho*, œil, plur. *macho*. Il semble donc, qu'en règle, le préfixe singulier des noms de la cinquième classe soit *dy* devant une voyelle, et *dyi* devant un monosyllabe. Mais comme on rencontre des noms de cette classe qui commencent par une voyelle sans prendre *dy*, ce serait sans doute se hasarder que de le poser comme règle. Pourquoi les uns prennent-ils *dy* ? pourquoi les autres ne le prennent-ils pas ? Il n'y a peut-être pas d'autre raison que l'usage.

Accent tonique. — En kiswahili l'accent tonique se place *toujours* sur l'avant-dernière syllabe, et il est très important de ne pas le déplacer ; *njîa*, chemin ; *njiâni*, dans le chemin. Bien souvent, tout en parlant correctement, on n'est pas compris des indigènes, uniquement parce qu'on ne tient pas compte de l'accent tonique, ou parce qu'on ne le met pas où il faut.

PREMIÈRE PARTIE

CHAPITRE I

NOTIONS PRÉLIMINAIRES

Le kiswahili, comme la plupart des langues nègres de l'Afrique équatoriale, se distingue de nos langues d'Europe par trois caractères principaux :

Le premier est la division des noms en classes. Ces classes ont chacune des préfixes ou initiales propres au singulier et au pluriel ; c'est par là qu'on les distingue entre elles. Et tous les noms de la langue rangés sous l'une ou l'autre en prennent les préfixes.

Le second est l'accord qui doit se faire par des préfixes, qui varient selon les classes des noms..

Le troisième est l'absence du genre. Pour indiquer le sexe, on ajoute au nom, les adjectifs *ume* pour le mâle, et *ke* pour la femelle, qui doivent suivre l'accord de la classe à laquelle le nom appartient.

Mwana mume, un homme, *mwana mke,* une femme.

L'article n'existe pas non plus.

La distinction des noms en classes et les règles d'accord, étant la base de toute la langue, le nœud unique de toutes les difficultés qu'elle présente, nous les exposons tout d'abord. Nous engageons fortement à ne point passer outre avant de les posséder à fond : toute la grammaire est là en substance ; ce qui suit n'en est que le développement simple et naturel.

CHAPITRE II

SUBSTANTIFS

Article 1. — Des classes des noms.

En kiswahili les noms sont divisés en neuf classes :

1re Classe. — Cette classe comprend les noms qui commencent au singulier par *m*, *mw*, et font leur pluriel en changeant *m*, *mw*, en *wa* ; ils désignent tous des êtres *animés*.

m-tu, un homme.	*wa-tu*, des hommes.
m-tumwa, un esclave.	*wa-tumwa*, des esclaves.
mw-okozi, un sauveur.	*wa-okozi*, des sauveurs.
mw-ana, un fils, un enfant.	*wa-ana*, des fils, des enfants.

EXERCICES SUR LA GRAMMAIRE KISWAHILI.

Nota. — Dans les listes des mots qui suivent, nous donnons après les substantifs le préfixe du pluriel, quand le pluriel n'est pas semblable au singulier. — Les adjectifs sont précédés d'un trait (-), qui indique la place du préfixe. — Les verbes sont suivis de la particule ***ku***, marque de l'infinitif.

NOTA. — Quand un préfixe terminé par *a*, comme *wa*, se trouve devant un mot commençant par *e* ou *i*, l'*a* et l'autre voyelle se confondent en une espèce d'*e* long.

mw-enzi, compagnon.	*wenzi*, des compagnons (et nom *wa-enzi*.)
mw-erevu, personne rusée.	***werevu***, des personnes rusées (et non ***wa-erevu***.)

Cette contraction a lieu, du reste, toutes les fois que ces voyelles se rencontrent.

2e CLASSE. — Cette classe comprend les noms qui commencent au singulier par *m*, *mw*, et font leur pluriel en changeant *m*, *mw*, en *mi*, *my*.

m-ti, un arbre.	***mi-ti***, des arbres.
m-lango, une porte.	***mi-lango***, des portes.
mw-anzo, commencement.	*my-anzo*, des commencements.
mw-iba, une épine.	*my-iba*, des épines.

Les noms d'arbres appartiennent tous à la deuxième classe.

3e CLASSE. — Cette classe comprend tous les noms qui ne changent pas au pluriel.

Exercice 1.

Mshale mi-, flèche. — *mfupa mi-*, os. — *mpaka mi-*, limite, borne. — *mpagazi wa-*, porteur de caravane. — *mjinga wa-*, ignorant, niais, non dégourdi. — *mtwana wa-*, jeune esclave. — *mchawi wa-*, sorcier. — *mgonjwa wa-*, malade. — *mto mi-*, rivière, coussin, matelas. — *mtoro wa-*, déserteur, fugitif.

THÈME. — Un homme. — Des esclaves. — Un os. — Des sauveurs. — Des fils. — Un déserteur. — Des rivières. — Un jeune esclave. — Des matelas. — Une limite.

nyota, une étoile.	*nyota*, des étoiles.
nguo, une étoffe.	*nguo*, des étoffes.
mbegu, graine.	*mbegu*, des graines.
mchwa, fourmi blanche.	*mchwa*, des fourmis blanches.

4e Classe. — Cette classe comprend les noms qui, au singulier, commencent par *ki* devant une consonne, et *ch* devant une voyelle et font leur pluriel en changeant *ki* en *vi*, et *ch* en *vy*.

ki-su, un couteau.	*vi-su*, des couteaux.
ki-ti, un siège.	*vi-ti*, des sièges.
ch-ombo, vaisseau, vase.	*vy-ombo*, des vaisseaux, des vases.
ch-ambo, appât.	*vy-ambo*, des appâts.

Nota. — Les noms qui commencent par *ch*, et ne font pas leur pluriel en *vy*, sont très peu nombreux.

— Des porteurs. — Des flèches. — Des sorciers. — Des épines. — Des commencements. — Des portes. — Des arbres. — Des esclaves. — Des os. — Des limites.— Des malades. — Des fugitifs. — Des niais. — Un malade. — De jeunes escalves.

Exercice 2.

Boma ma-, rempart, enceinte. — *deni*, dette. — *inchi*, terre pays. — *kidonda vi-*, plaie, ulcère. — *kidole vi-*, doigt. — *kitu vi-*, chose. — *ndizi*, banane. — *njaa*, faim. — *ngoma*, tambour. — *nyama*, viande, animal.

THÈME. — Des jointées — Des doigts. — Des choses. — Un appât. — Des étoiles. — Un rempart. — Des tambours. — La faim. — Des plaies. — Une dette. — Un pays. — Une orange. — Des sièges. — Des bananes. — Des léopards. — De jeunes esclaves. — De la viande. — Des os. — Les commencements. — Des arbres. —Une porte. — Un animal. — Un couteau. — Des bouteilles.

chopa, plur. *machopa*, jointée.
chozi, plur. *machozi*, larme.
chooko, plur. *choko* petite espèce de pois.
chungwa, plur. *machungwa*, orange.
chupa, plur. *machupa*, bouteille.
chui, plur. *chui*, léopard, tigre.

Ils appartiennent à la 3e ou à la 5e classe.

5e Classe. — Cette classe comprend les noms qui font au pluriel en prenant *ma* devant le singulier ; ils n'ont pas de préfixe propre, au singulier.

wingu, nuage. *ma-wingu*, des nuages.
sikio, une oreille. *ma-sikio*, des oreilles.
tawi, une branche. *ma-tawi*, des branches.
jina, nom. *ma-jina*, des noms.
jani, une feuille, brin d'herbe. *ma-jani*, des feuilles, de l'herbe.

Nota 1° — Quelques mots, peu nombreux, bien qu'appartenant à cette classe, ont au singulier comme préfixe *j* ou *ji*, qui disparaît au pluriel.

jambo, affaire, fait au pluriel *mambo* et non *majambo*.
jicho, œil, — — *macho*.
jifa, pierre de foyer — — *mafia*.
jiko, foyer, — — *meko*.
jino, dent, — — *meno*.
jitu, homme tout à fait grand, — — *matu* ou *majitu*.
jiwe, pierre, — — *mawe*.

Exercice 3.

Bakuli ma-, bassin, cuvette. — *jifu ma-*, cendre. — *ganda ma-*, peau, écaille, écorce. — *kasha ma-*, caisse. — *shauri ma-*, conseil, avis. — *shoka ma-*, hache. —

NOTA 2° — *Maji*, eau, *mafuta*, huile, graisse, beurre, et d'autres mots commençant par *ma*, sont considérés comme des pluriels de cette classe, *Mali*, biens, peut être traité indifféremment comme un pluriel de cette classe ou un nom de la troisième classe.

6e CLASSE. — Cette classe comprend les noms qui au singulier ont pour préfixe *u*, et font leur pluriel en changeant *u*, en *n* devant une consonne, et en *ny* devant une voyelle.

u-apo, serment.	*ny-apo*, des serments.
u-embe, rasoir	*ny-embe*, des rasoirs.
u-imbo, chant.	*ny-imbo*, des chants.
u-devu, poil de barbe.	*n-devu*, des poils de barbe, de la barbe.

NOTA 1° — Si le radical du nom est un monosyllabe, le préfixe *u* reste au pluriel.

u-a, cour, clôture.	*ny-ua*, des cours, des clôtures.
u-zi, fil, ficelle.	*ny-uzi*, des fils, des ficelles.

---

ufunguo, plur. *funguo*, clef. — *upanga*, *panga*, sabre. — *uso ny-*, figure, face. — *yayi ma-*, œuf.

THÈME. — Les conseils. — Les écorces — Une branche. — Une feuille. — Les herbes. — Les yeux. — Des sabres. — Les nuages. — Les dettes — Un bassin. — Des œufs. — Des haches. — La figure. — Des clefs. — Des caisses. — Les vents. — Un œil. — Des perles. — Des dents. — Les noms. — Les matelas. — Des ongles. — Des fils. — Des chants. — Des oreilles. — Des cours. — Des pierres. — Des larmes. — Des sièges. — Des affaires. — Des sabres. — Des langues. — Des tambours. — Les clefs. — Des avis. — Des cendres. — Des cuvettes — Des ulcè-

NOTA 2° — Si la 1re consonne du radical est *b*, *w*, alors *n* devient *m*, et *w* se change en *b*.

u-bavu, côte. *m-bavu*, des côtes.
u-wingu, ciel. *m-bingu*, les cieux.

NOTA 3° — Si la lettre qui suit *u* est *l* ou *r*, *n* reste au pluriel, mais *l* ou *r* se changent en *d*.

ulimi, langue *n-dimi*, des langues.

NOTA 4° — Si la consonne qui suit *u* est *ch*, *f*, *h*, *k*, *p*, *s*, *t*, on retranche simplement l'*u* au pluriel sans rien ajouter.

uchipuka, bourgeon. *chipuka*, des bourgeons.
ufagio, balai. *fagio*, des balais.
ukucha, ongle, griffe. *kucha*, des ongles, des griffes.
upepo, vent. *pepo*, des vents.
ushanga, perle. *shanga*, des perles.
utambi, mèche. *tambi*, des mèches.

Généralement les noms abstraits sont rangés dans cette classe.

7e CLASSE. — Cette classe ne comprend que le mot *mahali* ou *mahala*, lieu (invariable).

8e CLASSE. — Cette classe comprend les infinitifs des verbes employés comme substantifs. Tous les infinitifs peuvent être employés substantivement.

kula, le manger.

---

res. — Des bourgeons. — Des branches. — Des figures. — Des rasoirs. — Des larmes. — Des oranges. — Des serments. — Des bouteilles. — Des niais.

9e CLASSE. — Cette classe comprend tous les noms auxquels a été ajoutée la particule *-ni*. Cette particule indique une relation de lieu, et peut être traduite en français par *à*, *vers*, *en*, *de*, *hors de*, *dans*, *dedans*, *près*, *auprès*, etc. Ces différents sens sont indiqués par la forme d'accord et aussi par le sens de la phrase, comme on le verra plus loin. Tous les substantifs, excepté les noms d'hommes et d'animaux, peuvent prendre cette particule.

nyumba, maison.	*nyumbani*, à la maison.
njia, chemin.	*njiani*, dans le chemin.
moto, feu.	*motoni*, dans le feu, au feu.
mbingu, cieux.	*mbinguni*, aux cieux.

Exercice 4.

Jua ma-, soleil. — *kazi*, travail. — *kisima vi-*, puits. — *kilima vi-*, colline. — *kichwa vi-*, tête. — *meza*, table. — *mkono mi-*, main, bras, coudée, queue (de casserole, etc.). — *pembe*, ivoire, angle, corne. — *soko ma-*, marché. — *ulimwengu*, le monde, l'univers.

VERSION. — Mbinguni. — kichwani. — mtoni. — jikoni. — kazini. — ulimwenguni. — masikioni. — kilimani. — majini. — mezani. — mawinguni. — pembeni. — mekoni. — machoni. — juani. — sokoni. — mlangoni. — mkononi. — mbavuni. — uani. — njiani. — usoni. — mpakani. — kisimani. — sikioni.

Exercice 5.

Jasho, sueur. — *kinanda vi-*, instrument de musique à cordes. — *kufuli*, cadenas. — *leso*, mouchoir. — *mate*, salive. — *mshahara mi-*, solde mensuelle, gages. — *tanuu*, four. — *ufa ny-*, fente. — *utumwa*, esclavage. — *waraka ny-*, lettre, épître.

Article 2. — Règles générales d'accord.

En kiswahili, l'accord se fait avec le nom de deux manières :

1° Par les préfixes propres à chaque classe de noms, pour les adjectifs qualificatifs et numéraux ;

2° Par une voyelle ou syllabe particulière propre aussi à chaque classe, et que nous appellerons syllabe *caractéristique,* pour les autres parties du discours.

I. — Les préfixes propres à chaque classe, sont :

1re Cl.	sing.	*m, mw.*
	plur.	*wa.*
2e »	sing.	*m, mw.*
	plur.	*mi.*
3e »	sing. / plur.	*n, ny.*
4e »	sing	*ki, ch.*
	plur.	*vi, vy.*
5e »	sing.	*—,j.*
	plur.	*ma.*
6e »	sing.	*m, mw.*
	plur.	*n, ny.*
7e »	sing. / plur.	*pa, p.*
8e »	sing. / plur.	*ku,kw.*
9e »	Cette classe n'a pas de préfixe propre.	

Nota. — Quand deux préfixes sont indiqués, le premier s'emploie devant une consonne, et le second devant une voyelle.

Au singulier de la 5e classe, *j* s'emploie devant une voyelle ; devant une consonne, on ne met pas de préfixe.

Traduire les noms qui suivent, et indiquer le préfixe et la syllabe caractéristique qu'ils exigent.

Thème. — Des puits. — de l'écorce. — Des mouchoirs. — Des sabres. — Une clef. — La sueur. — Un

II. — Les syllabes *caractéristiques* propres à chaque classe, sont :

Classe	Nombre	Syllabes
1re CL.	sing.	*yu, w.*
	plur.	*wa, w.*
2e »	sing.	*u, w.*
	plur.	*i, y.*
3e »	sing.	*i, y.*
	plur.	*zi, z.*
4e »	sing.	*ki, ch.*
	plur.	*vi, vy.*
5e »	sing.	*li, l.*
	plur.	*ya, y.*
6e »	sing.	*u, w.*
	plur.	*zi, z.*
7e »	sing. plur.	*pa, p.*
8e »	sing. plur.	*ku, kw.*
9e »	sing. plur.	*mu, mw, m.* / *pa, p.* / *ku, k, w, u.*

NOTA. — La première syllabe caractéristique s'emploie devant une consonne, et la deuxième devant une voyelle.

---

cadenas. — Des soldes mensuelles. — Des lettres. — L'esclavage. — De la salive. — Des instruments de musique à cordes. — Un four. — Des fentes. — Des cuvettes. — Des couteaux. — Des oranges. — Des figures. — Des tambours. — Des bouteilles. — Des portes. — Des balais. — Des porteurs de caravane. — Des flèches. — — Des perles. — Des pierres. — Des plaies. — Des côtes. — Des oreilles. — Des cendres. — des matelas. — Des fugitifs. — Une fente. — Une épine. — Un rempart. — Des bananes. — Des œufs. — Une hache. — Des nuages. — Des marchés. — Une jointée. — Une tête. — Des coudées. — Un bourgeon. — Des feuilles. — Des ficelles. — Des larmes. — Un œil. — De l'huile. —

TABLEAU SYNOPTIQUE DES ACCORDS

En kiswahili les noms peuvent se ranger en 9 classes, qui se distinguent entre elles, sauf la 9e, au moyen des syllabes initiales ou préfixes, du singulier et du pluriel.

I. CLASSE. — Singulier *m, mw* ; pluriel, *m, mw* changés en *wa* ; exemple : *mtu*, un homme, *watu*.
II. CLASSE. — Singulier *m, mw* ; pluriel, *m, mw* changés en *mi* ; exemple : *mti*, un arbre, *miti*.
III. CLASSE. — Pluriel semblable au singulier ; *nyota*, une étoile, *nyota*, des étoiles.
IV. CLASSE. — Singulier *ki, ch* ; au pluriel *ki, ch* changés en *vi, vy* ; *kisu*, un couteau, *visu*.
V. CLASSE. — Pluriel, *ma* préfixé au singulier ; exemple : *tawi*, une branche, *matawi*.
VI. CLASSE. — Singulier *u, w* ; pluriel, *u, w* changés en *n, ny* ; exemple : *wembe*, un rasoir, *nyembe*.
VII. CLASSE. — Ne comprend que le mot *mahali*.
VIII. CLASSE. — Les infinitifs employés comme substantifs ; *kufa*, la mort.
XI. CLASSE. — Tous les noms, à quelque classe qu'ils appartiennent, auxquels a été ajoutée la particule *ny* pour indiquer une relation de lieu ; *nyumbani*, à la maison.

Les substantifs régissent les autres parties du discours en leur imposant : 1° ou bien un *préfixe* propre à la classe à laquelle ils appartiennent, 2° ou bien une *syllabe caractéristique* propre à la même classe. Tous les noms désignant des êtres animés, à quelque classe qu'ils appartiennent, peuvent avoir les accords de la première classe.

		1		2		3		4		5		6		7	8	9		
		mtu	*watu*	*mti*	*miti*	*nyota*	*nyota*	*kisu*	*visu*	*tawi*	*matawi*	*wembe*	*nyembe*	*mahali*	*kufa*	*nyumbani*		
PRÉFIXES D'ACCORD		*m, mw*	*wa*	*m, mw*	*mi*	*n, ny*	*n, ny*	*ki, ch*	*vi, vy*	*—, j*	*ma, m*	*m, mw*	*n, ny*	*pa, p*	*ku, kw*			
Adjectifs qualificatifs	beau	*mzuri*	*wazuri*	*mzuri*	*mizuri*	*nzuri*	*nzuri*	*kizuri*	*vizuri*	*zuri*	*mazuri*	*mzuri*	*nzuri*	*pazuri*	*kuzuri*			
	blanc	*mweupe*	*weupe*	*mweupe*	*myeupe*	*nyeupe*	*nyeupe*	*cheupe*	*vyeupe*	*jeupe*	*meupe*	*mweupe*	*nyeupe*	*peupe*	*kweupe*			
Six adjectifs numéraux	un	*mmoja*		*mmoja*		*moja*		*kimoja*		*moja*		*mmoja*		*pamoja*	*kumoja*			
	deux		*wawili*		*miwili*		*mbili*		*viwili*		*mawili*		*mbili*	*pawili*	*kuwili*			
	trois		*watatu*		*mitatu*		*tatu*		*vitatu*		*matatu*		*tatu*	*patatu*	*kutatu*			
	quatre		*wanne*		*minne*		*nne*		*vinne*		*manne*		*nne*	*panne*	*kunne*			
	cinq		*watano*		*mitano*		*tano*		*vitano*		*matano*		*tano*	*patano*	*kutano*			
	huit		*wanane*		*minane*		*nane*		*vinane*		*manane*		*nane*	*panane*	*kunane*			
Combien ?			*wangapi*		*mingapi*		*ngapi*		*vingapi*		*mangapi*		*ngapi*	*pangapi*	*kungapi*			
Nombreux			*wengi*		*myengi*		*nyengi*		*vyengi*		*mengi*		*nyengi*	*pengi*	*kwengi*			
Autre		*mwengine*	*wengine*	*mwengine*	*myengine*	*nyengine*	*nyengine*	*chengine*	*vyengine*	*jengine*	*mengine*	*mwengine*	*nyengine*	*pengine*	*kwengine*	(dedans)	(près)	(loin)
ronoms personnels sujets		*a*	*wa*	*u, w*	*i, y*	*i, y*	*zi, z*	*ki, ch*	*vi, vy*	*li, l*	*ya, y*	*u, w*	*zi, z*	*pa, p*	*ku, kw*	*mu, mw, m*	*pa*	*ku*
ronoms personnels régimes		*m, mw*	*wa*	*u, w*	*i, y*	*i, y*	*zi*	*ki*	*vi*	*li*	*ya*	*u, w*	*zi*	*pa*	*ku*	*mu, mw*	*pa*	*ku*
SYLLABE CARACTÉRISTIQUE		*yu, w*	*w*	*u, w*	*i*	*i, y*	*zi, z*	*ki, ch*	*vi, vy*	*li, l*	*ya, y*	*u, w*	*zi, z*	*pa, p*	*ku, kw*	*mu, mw, m*	*pa, p*	*ku, kw, k*
La préposition de			*wa*	*wa*	*ya*	*ya*	*za*	*cha*	*vya*	*la*	*ya*	*wa*	*za*	*pa*	*kwa*	*mwa*	*pa*	*kwa*
Tout			*wote*	*wote*	*yote*	*yote*	*zote*	*chote*	*vyote*	*lote*	*yote*	*wote*	*zote*	*pote*	*kwote*	*mote*	*pote*	*kote*
Pronoms relatifs		*ye*	*wo, o*	*wo, o*	*yo*	*yo*	*zo*	*cho*	*vyo*	*lo*	*yo*	*wo, o*	*zo*	*po*	*kwo*	*mo*	*po*	*ko*
Pronoms et adjectifs possessifs	de mon		*wangu*	*wangu*	*yangu*	*yangu*	*zangu*	*changu*	*vyangu*	*langu*	*yangu*	*wangu*	*zangu*	*pangu*	*kwangu*	*mwangu*	*pangu*	*kwangu*
	de toi		*wako*	*wako*	*yako*	*yako*	*zako*	*chako*	*vyako*	*lako*	*yako*	*wako*	*zako*	*pako*	*kwako*	*mwako*	*pako*	*kwako*
	de lui, d'elle		*wake*	*wake*	*yake*	*yake*	*zake*	*chake*	*vyake*	*lake*	*yake*	*wake*	*zake*	*pake*	*kwake*	*mwake*	*pake*	*kwake*
	de nous		*wetu*	*wetu*	*yetu*	*yetu*	*zetu*	*chetu*	*vyetu*	*letu*	*yetu*	*wetu*	*zetu*	*petu*	*kwetu*	*mwetu*	*petu*	*kwetu*
	de vous		*wenu*	*wenu*	*yenu*	*yenu*	*zenu*	*chenu*	*vyenu*	*lenu*	*yenu*	*wenu*	*zenu*	*penu*	*kwenu*	*mwenu*	*penu*	*kwenu*
	d'eux, d'elles		*wao*	*wao*	*yao*	*yao*	*zao*	*chao*	*vyao*	*lao*	*yao*	*wao*	*zao*	*kwao*	*kwao*	*mwao*	*pao*	*kwao*
Pronoms et adjectis démonstratifs	celui-ci, celle-ci	*huyu*	*hawa*	*huu*	*hii*	*hizi*	*hii*	*hiki*	*hivi*	*hili*	*haya*	*huu*	*hizi*	*hapa*	*huku*	*humu*	*hapa*	*huku*
	celui-là, celle-là	*yule*	*wale*	*ule*	*ile*	*ile*	*zile*	*kile*	*vile*	*lile*	*yale*	*ule*	*zile*	*pale*	*kule*	*mule, mle*	*pale*	*kule*
	celui, celle en question	*huyo*	*hao*	*huo*	*hiyo*	*hiyo*	*hizo*	*hicho*	*hivyo*	*hilo*	*hayo*	*huo*	*hizo*	*pako*	*huko*	*humo*	*hapo*	*huko*
Il ou elle est là ils ou elles sont là	(dedans)	*yumo*	*wamo*	*umo*	*imo*	*imo*	*zimo*	*kimo*	*vimo*	*limo*	*yamo*	*umo*	*zimo*	*pamo*	*kumo*			
	(auprès)	*yupo*	*wapo*	*upo*	*ipo*	*ipo*	*zipo*	*kipo*	*vipo*	*lipo*	*yapo*	*upo*	*zipo*	*papo*	*papo*			
	(au loin, indéterminé	*yuko*	*wako*	*uko*	*iko*	*iko*	*ziko*	*kiko*	*viko*	*liko*	*yako*	*uko*	*ziko*	*pako*	*kuko*			
Lequel, lesquels ?		*yupi*	*wapi*	*upi*	*ipi*	*ipi*	*zipi*	*kipi*	*vipi*	*lipi*	*yapi*	*upi*	*zipi*	*papi*	*kupi*			
C'est lui, elle, eux etc.		*ndiye*	*ndio*	*ndio*	*ndiyo*	*ndiyo*	*ndizo*	*ndicho*	*ndivyo*	*ndilo*	*ndiyo*	*ndio*	*ndizo*	*ndipo*	*ndiko*	*ndimo*	*ndipo*	*ndiko*
rennent le préfixe à certaines classes ; à d'autres, la syllabe caractéristique		*mwenyi*	*wenyi*	*mwenyi*	*yenyi*	*yenyi*	*zenyi*	*chenyi*	*vyenyi*	*lenyi*	*yenyi*	*mwenyi*	*zenyi*	*penyi*	*kwenyi*			
		mwenyewe	*wenyewe*	*mwenyewe*	*yenyewe*	*yenyewe*	*zenyewe*	*chenyewe*	*vyenyewe*	*lenyewe*	*yenyewe*	*mwenyewe*	*zenyewe*	*penyewe*	*kwenyewe*			

A la 9e classe : *mu, mw, m*, est employé, lorsqu'on veut préciser l'intérieur du lieu désigné : dans la maison.

Pa, p, est employé pour préciser le lieu, mais sans indiquer le dedans de ce lieu : à la maison.

Ku, kw, k, est employé, lorsqu'il y a mouvement, distance, ou lorsque l'indication du lieu n'a rien de déterminé : il est le plus employé des trois : il est allé chez nous ; il demeure chez nous.

Article 3. — Rapport de deux noms.

Les substantifs non seulement régissent les autres parties du discours, mais il peuvent encore régir d'autres substantifs. Ce rapport de deux noms se fait, en kiswahili, par la lettre *a*, qui prend pour préfixe la lettre *caractéristique* propre à la classe du nom.

Des malades. — Des graines. — Une affaire. — Des caisses. — Des vents. — Le chemin. — Des noms. —La faim. — Des langues. — Le soleil. — Des cendres. — Des sorciers. — Une pierre de foyer. — Un jeune esclave.

Exercice 6.

Fundo ma-, nœud. — *kiko vi-*, pipe. — *kinwa vi-*, bouche. — *kizibo vi-*, bouchon. — *kokwa ma,-* noyau, noix. — *mdomo mi-*, lèvre. — *mgeni wa-*, étranger, hôte. — *mkuki mi-*, lance. — *saa*, heure, montre. — *ziwa ma-*, mamelle, lac, (au pluriel) lait.

THÈME –I. L'eau de la rivière. — Le travail de l'esclave. — Le fils du sorcier. — La lance du porteur. — La clef de la porte. — Les dents du léopard. — Les

1re CL.	*Mtumwa wa sultani,*	l'esclave du sultan,
	watumwa wa sultani.	les esclaves du sultan.
2e CL.	*Mlango wa nyumba,*	la porte de la maison,
	milango ya nyumba.	les portes de la maison.
3e CL.	*Nguo ya nahoza,*	l'étoffe du pilote,
	nguo za nahoza.	les étoffes du pilote.
4e CL.	*Kisu cha mpishi,*	le couteau du cuisinier,
	visu vya mpishi.	les couteaux du cuisinier.
5e CL.	*Sikio la punda,*	l'oreille de l'âne,
	masikio ya punda.	les oreilles de l'âne.
6e CL.	*Wembe wa kinyozi,*	le rasoir du barbier,
	nyembe za kinyozi.	les rasoirs du barbier.
7e CL.	*Mahali pa soko.*	le lieu du marché.
8e CL.	*Kula kwa jioni.*	le manger du soir.
9e CL. *Nyumbani*	*mwa rafiki,*	dans la maison de l'ami,
	pa rafiki,	à la maison de l'ami.
	kwa rafiki.	vers la maison de l'ami.

---

feuilles de l'arbre. — Les doigts de la main. — Les nœuds de la ficelle. — L'eau du lac. — Les plaies du malade. — Les sièges de la maison. — L'étoffe du fugitif. — Les chants du jeune esclave. — La place du feu. — La pipe du porteur. — Les lèvres du lépoard. — Le bouchon de la bouteille. — La bouche de l'homme. — La lance de l'étranger.— Une jointée de noyaux.— Les cendres du foyer. — Le chemin du puits.— La langue du malade.— Les noms des porteurs. — La montre de l'étranger.— Le cadenas de la caisse.— Les fentes de la cuvette. — La solde des porteurs. — Le travail de l'esclave. — Les feuilles de l'arbre. — Les larmes de l'enfant. — La clef du cadenas.

CHAPITRE III

ADJECTIFS

Article 1. — Adjectifs qualificatifs.

1° Règles d'accord :

Les adjectits qualificatifs s'accordent avec les noms auxquels ils se rapportent, en prenant les *préfixes* propres à la classe de ce nom.

1e CL.	sing. *m*, *mw*. plur. *wa*.	*mtu m-zuri*, un homme beau. *watu wa-zuri*, des hommes beaux. *mwana mw-ema*, un bon fils. *waana w-ema*, des bons fils.
2e CL.	sing. *m*, *mw*. plur. *mi*, *my*.	*mlango m-zuri*, une belle porte. *milango mi-zuri*, de belles portes. *mwiko mw-epesi*, une cuiller légère. *myiko my-epesi*, des cuillers légères.
3e CL.	sing. plur. } *n*, *ny*.	*nguo n-zuri*, une belle étoffe. *nguo n-zuri* de belles étoffes. *nguo ny-epesi*, une étoffe légère. *nguo ny-epesi*, des étoffes légères.

Exercice 7.

-baya, mauvais. — *-bichi*, vert, non mûr, non cuit.— *-chungu*, amer. — *-dogo*, petit, jeune, inférieur. — *-gevu*, fin, subtil, rusé.— *-fupi*, court. — *-gumu*, dur, difficile.—

Nota 1° — Si le radical de l'adjectif commence par *b*, on préfixe *m*, au lieu de *n* ; s'il commence par *w*, *w* se change en *b*, et l'on préfixe *m*.

bivu, mûr, cuit, fait *m-bivu*, et non *n-bivu*.
wili, deux, — *m-bili*.
Nyama mbivu, de la viande cuite.
Nguo mbili, deux étoffes.

Nota 2° — Si le radical de l'adjectif commence par *l* ou *r*, on préfixe *n*, suivant la règle ; mais *l* ou *r* se changent en *d*.

Njia n-defu, un long chemin ou de longs chemins (et non *n-refu*).

Nota 3° — Si le radical de l'adjectif commence par *ch*, *f*, *h*, *k*, *p*, *s*, *m*, *n*, ou *t*, l'*n* disparaît tout à fait, et le radical de l'adjectif reste seul.

nyama chache,	peu de viande.
ndizi tamu,	des bananes douces.
ngoma kubwa,	un grand tambour.
njia fupi,	un chemin court.
nyumba pana,	une maison large.

-nene, gros. — *-zito*, lourd, épais, pénible. — *-zima*, sain, entier, vivant.

THÈME. — Un homme long. — Un mauvais esclave — Des bananes vertes. — Un arbre court. — Un os dur. — De lourdes caisses. — Des petites portes. — De l'eau amère. — Des yeux sains. — Des maisons neuves. — De belles pipes. — Un esclave rusé. — Des sièges durs. — De grosses épines. — Des petites caisses. — Des œufs mauvais. — Un travail pénible. — Une petite tête. —De

Il n'y a d'exception à toutes ces règles que pour *-ema*, bon, *-pya*, neuf, frais, et *-wazi*, apparent, clair, ouvert, qui font :

njema ou *ngema*, et non *ny-ema*.
mpya — *pya*.
wazi — *mbazi*.

4ᵉ CL.	sing. *ki*, *ch*. plur. *vi*, *vy*.	*kisu ki-zuri*, un beau couteau. *visu vi-zuri*, de beaux couteaux. *chambo ch-ema*, un bon appât. *vyambo vy-ema*, de bons appâts.
5ᵉ CL.	sing. sans préf. ou *j*. plur. *ma*.	*sikio refu*, une oreille longue. *masikio ma-refu*, des oreilles longues. *jani j-ekundu*, une feuille rouge. *majani m-ekundu*, des feuilles rouges.

NOTA. — *-pya* à cette classe fait *jipya* au singulier.

---

grandes rivières. — Une porte large. — Une dent saine. — Une petite bouteille. — De grosses graines. — Une orange amère. — De grosses lèvres. — Une couteau neuf. — Un sabre léger. — Des bananes mûres. — De la viande crue.

Exercice 8.

-Bovu, gâté, mauvais. — *-embamba*, mince, étroit, élancé. — *peupe*, blanc. — *-kali*, aigre, difficile, méchant, ardent. — *-kavu*, sec. — *-kukuu*, vieux, usé (en parlant de choses.) — *-nono*, gras. — *-tupu*, vide, nu, seul. — *-wivu*, jaloux. — *-zee*, vieux (en parlant d'êtres animés).

6e CL.	sing. *m, mw.* plur. *n, ny.*	*wembe m-zuri*, un beau rasoir, *nyembe n-zuri*, de beaux rasoirs. *ufunguo mw-epesi*, une clef légère. *funguo ny-epesi*, des clefs légères.

NOTA. — Pour l'accord de la lettre *n*, il faut tenir compte des exceptions, qui ont été faites plus haut, à la 3e classe.

7e CL.	sing. plur.	*pa, p.*	*mahali pa-pana*, une ou des places larges. *mahali p-eusi*, une ou des places noires.
8e CL.	sing. plur.	*ku, kw.*	*kufa ku-zuri*, une belle mort. *kufa kw-ema*, une bonne mort.

NOTA 1o — Les adjectifs se rapportant à des substantifs, qui désignent des êtres animés, peuvent toujours suivre les règles d'accord de la 1re classe, quelle que soit d'ailleurs la classe du substantif. Ainsi :

mbuzi, chèvre.	appartient à la	3e	classe
kijana, pl. *vi-*, jeune homme.	—	4e	—
waziri, *mawaziri*, vizir.	—	5e	—

THÈME. — Des bouteilles vides. — Un vieil esclave. — Une vieille pipe. — Un arbre élancé. — Un gros porteur. — Un ami jaloux. — Une maison blanche. — Un soleil ardent. — Un œil gâté. — Un cuisinier gras. — Un tambour usé. — Des doigts effilés. — Un pays sec. — Des mouchoirs blancs. — Des œufs mauvais. — Un animal méchant. — Des caisses vides. — Les mains vides. — Des balais usés. — Une étoffe neuve. — Une porte

On pourra cependant dire, en donnant à leurs adjectifs les préfixes de la 1re classe :

mbuzi m-kubwa.	une grande chèvre.
mbuzi wa-kubwa.	de grandes chèvres.
kijama m-zuri,	un beau jeune homme.
vijana wa-zuri,	de beaux jeunes hommes.
waziri mw-ema.	un bon vizir.
mawaziri w-ema.	de bons vizirs.

Cependant, ce n'est pas une faute dans ces cas de faire suivre aux adjectifs les règles d'accord de la classe du nom, auquel ils se rapportent ; et quelquefois même, on doit le faire pour éviter une ambiguïté, comme nous le verrons à l'article des adjectifs possessifs.

Cette remarque s'applique non seulement aux adjectifs, mais aux pronoms et aux verbes.

NOTA 2° — Les adjectifs empruntés aux langues étrangères, ne prennent pas d'accord, et sont invariables.

---

ouverte. — Une bonne montre. — Des sabres neufs. — Un long sabre. — Des sabres longs. — Une courte lettre. — De grandes fentes.

Exercice 9.

Jogoo, coq. — *fisi*, hyène. — *frasi* ou *fras*, cheval. — *kondoo*, mouton. — *mamba*, crocodile. — *mbwa*, chien. — *ndege*, oiseau. — *Paa*, gazelle. — *simba*, lion. — *hua*, tourterelle.

VERSION. — Mbwa wazuri. — ndege wadogo. — mamba mrefu. — mamba warefu. — simba mzee. — rafiki mwena. — ndugu wawivu. — fisi mnono. — fisi wanono. — hua mzuri. — jogoo mkali. — frasi mkubwa. —

2° Place des adjectifs.

Les adjectifs qualificatifs, et de même tous les autres adjectifs, à l'exception de *killa*, chaque, se mettent toujours après les noms auxquels ils se rapportent.

Mtu mwena, un homme bon.

Killa mtu, chaque homme. ***killa kitu***, chaque chose.

Article 2. — Adjectifs numéraux.

§ 1. Adjectifs numéraux cardinaux.

I. RADICAL DES ADJECTIFS NUMÉRAUX CARDINAUX.

Les adjectifs numéraux cardinaux sont :

FRANÇAIS	KISWAHILI	ARABE
Un	*mosi, -moja*	*wahed*
Deux	*pili,-wili*	*thenin*
Trois	*-tatu*	*thelata*
Quatre	*-nne*	*arba*
Cinq	*-tano* ou *tanu*	*khamsa*

Punda mwena. — mbuzi. — mwembamba. — kijana mbaya. — kondoo mdogo. — kondoo mweusi. — kondoo weupe. — mbwa mkali. — killa fisi mkubwa. — killa ndege mzuri. — simba mdogo. — paa mwekundu. — chui mwerevu. — mamba mbaya. — ndege mzito. — mbuzi mnene.

Exercice 10.

Bilauri, verre, — *gudulia*, gargoulette. — ***kanda ma-*** sac, fait avec des herbes ou des feuilles tressées. — ***ki-banzi vi***, éclat de bois, tout petit morceau de bois. — ***kigai***, *vi-*, tesson, — ***kinoo vi***, -pierre à aiguiser. — ***li-fafa***, morceau d'étoffe qui enveloppe les ballots d'étoffe. — ***mpiko*** *mi-*, perche pour porter des paquets. — ***pete***, pl. *pete* ou ***mapete***, anneau. — ***upindi***, *pindi*, arc.

Français	Kiswahili	Arabe
Six	*sita*	*sita.*
Sept	*saba*	*saba*
Huit	*nane*	*themania*
Neuf	*kenda*	*tissa*
Dix	*kumi*	*ashara*
Onze	*kumi na moja*	*edashara*
Douze	*kumi na mbili*	*thenashara*
Treize	*kumi na tatu*	*thelatashara*
Quatorze	*kumi na nne*	*arbatashara*
Quinze	*kumi na tano*	*khamtashara*
Seize	*kumi na sita*	*sitashara*
Dix-sept	*kumi na saba*	*sabatashara*
Dix-huit	*kumi na nane*	*themantashara*
Dix-neuf	*kumi na kenda*	*tissatashara*
Vingt	*makumi mawili*	*ashrini*
Vingt et un	*makumi mawili na moja, wahed u ashrini*	
Vingt-deux	*makumi mawili na mbili, thenin u ashrini*	

VERSION. — Mpiko mmoja. — mipiko miwili, mitano, minane. — makanda mapya sita. — mapete ya masikio, manane. — vibanzi vinne. — kibanzi kimoja. — upindi mmoja. — pindi tatu, nane. — bilauri saba. — vigai vinne, vinane, kenda. — gudulia moja. — kinoo chema kimoja. — vinoo vyema vitano, sita, kumi. — vigai vidogo viwili, vinne. — machupa matupu manane. — lifafa nzima moja. — lifafa mbili, tatu. — mishale minane, kumi. — kanda jipya, moja. — mafundo manene mawili. — watumwa wawili wa mgeni. — meno sita, manane, kumi. — mikuki mirefu mitano.

Exercice 11.

Damu, sang. — *gote ma-*, genou. — *kengele*, cloche, sonnette. — *kitunguu vi-*, oignon. — *mguu mi-*, jambe, pied, gigot. — *mkate mi-*, pain. — *mtungi mi-*, jarre. — *shimo ma-*, fosse, fossé, excavation. — *tumbo ma-*, ventre, entrailles. — *nguvu*, force, pouvoir.

Français	Kiswahili	Arabe
Vingt-trois	*makumi mawili na tatu*	*thelata u ashrini*
Vingt-quatre	*makumi mawili na nne*	*arba u ashrini*
Trente	*makumi matatu*	*thelatini*
Quarante	*makumi manne*	*arbaini*
Cinquante	*makumi matano*	*khamsini*
Soixante	*makumi sita*	*sittini*
Soixante-dix	*makumi saba*	*sabaini* ou *sebuini*
Quatre-vingts	*makumi manane*	*themaini*
Quatre-vingt-dix	*makumi kenda*	*tissaini*
Cent	il n'y a que le mot arabe *mia*	
Deux cents	*mia mbili*, ou mieux *mitiin*	
Trois cents	*mia tatu*	*thelata mia*
Mille	il n'y a que le mot arabe *elf* ou *elfu*	
Deux mille	*elfu mbili*, ou mieux *elfin*	
Trois mille	*elfu tatu*	*thelata alf*

Laki est aussi employé pour cent mille. — Le mot *milyon* est très peu connu.

Les nombres kiswahili et les nombres arabes sont également employés. Cependant, pour les dizaines, vingt, trente, etc., on semble préférer

---

THÈME — Quatre pieds — Six pains blancs — Deux jarres d'eau — Les deux mains vides — Deux genoux — Les trois lances du pilote — Les quinze esclaves du sorcier — Douze branches de l'arbre. — Dix-huit mèches. — Vingt-cinq oignons. — Une grande fosse. — Trente sonnettes. — Le sang de deux chèvres — Les entrailles de quatre moutons — Seize jarres d'huile. — Vingt-quatre flèches — Trente-deux dents — Vingt maisons — Dix-neuf étoffes — Soixante-quinze arbres — Quatre-vingt-douze porteurs — Quarante-sept moutons — Cinquante chiens — Deux cents arbres — Trente-huit rivières.

les nombres arabes *ashrini, thelatini,* etc. Souvent on se sert des deux en même temps, des nombres arabes pour les dizaines, et des nombres kiswahili pour les unités.

Vingt et un,	*ashrini na moja.*
vingt-deux.	*ashrini na mbili.*
vingt-trois,	*ashrini na tatu.*
vingt-quatre, etc.	*ashrini na nne,* etc.

II. ACCORD DES ADJECTIFS NUMÉRAUX CARDINAUX.

Six adjectifs numéraux cardinaux s'accordent avec les substantifs auxquels ils se rapportent ; ce sont : *mo-ja, -wili, -tatu, -nne, -tano, -nane.* Ils s'accordent comme les adjectifs qualificatifs, en prenant les préfixes de la classe du nom.

Les autres nombres sont invariables.

1re CL.	sing.	*m, mw.*	— *mtu m-moja,* un homme.
	plur.	*wa.*	— *watu wa-wili, wa-tatu, wa-nne, wa-tano, wa-nane*
2e »	sing.	*m, mw.*	— *mlango m-moja,* une porte.
	plur.	*mi, my.*	— *milango, mi-wili, mi-tatu, mi-nne, mi-tano, mi-nane.*
3e »	sing.	*n, ny.*	— *nyota moja,* une étoile.
	plur.		— *nyota mbili, tatu, nne, tano, nane.*
4e »	sing.	*ki, ch.*	— *kisu ki-moja,* un couteau
	plur.	*vi, vy.*	— *visu vi-wili, vi-tatu, vi-nne, vi-tano, vi-nane.*
5e »	sing.	—	— *sikio moja,* une oreille.
	plur.	*ma.*	— *masikio ma-wili, ma-tatu ma-nne, ma-tano, ma-nane.*

6e CL.	sing. *m, mw.*	—	*uapo m-moja*, un serment
	plur. *n, ny.*	—	*nyapo mbili, tatu, nne, tano, nane.*
7e »	sing. *pa, p.*	—	*mahali pa-moja*, une place.
	plur.	—	*mahali pa-wili, pa-tatu, pa-nne, pa-tano, pa-nane.*
8e »	sing. *ku, kw.*	—	*kufa ku-moja*, une mort.
	plur.	—	*kufa ku-wili, ku-tatu, ku-nne, ku-tano, ku-nane.*

Nota. — Dans les nombres, vingt, trente, etc., *makumi* est considéré comme un nom de la 5e classe, avec lequel s'accordent les unités, deux, trois, etc., qui sont susceptibles d'accord : *makumi ma-wili, makumi ma-tatu.*

Exercice 12.

Boriti, soliveau. — *chatu*, espèce de gros et long serpent. — *kifaru vi-*, rhinocéros. — *kitabu vi-*, livre. — *mfuasi wa-*, partisan, suivant de quelqu'un. — *mkimili mi-*, poutre. — *mtumba mi-*, pièces d'étoffes enveloppées dans une *lifafa* et une ***kanda***, pour voyager en caravane. — *nyuki*, abeille. — *ukutikuti*, brindille, petite paille.

Thème. — Deux mille abeilles. — Huit cents paquets d'étoffe. — Neuf mille livres. — Les quatre pieds de la chèvre. — Les quatre-vingts solives de la maison. — Treize poutres. — Les deux suivants du sorcier — Douze longues brindilles. — Un grand *chatu*. — Quatre gros rhinocéros. — Dix belles montres. — Cinquante-cinq cadenas. — Quinze lettres. — Vingt-sept petites caisses. — Sept jolis enfants. — Six brebis grasses. — Neuf longs sabres. — Quatre-vingts bananes vertes. — Vingt-cinq lourdes caisses. — Quatre-vingt-dix-sept *mitumba*.

III PLACE DES ADJECTIFS NUMÉRAUX CARDINAUX.

Le nombre se place toujours après le substantif. *Watu wanne*, quatre hommes, *visu vinane*, huit couteaux.

S'il y a un adjectif qualificatif, le nombre ne vient qu'en troisième lieu.

Mitumbwi mizuri minane, huit beaux canots.

§. 2 Adjectifs numéraux ordinaux.

Les nombres ordinaux ne sont que le radical des nombres cardinaux, précédé de la préposition *a*, de, qui s'accorde par la *caractéristique* de la classe du nom.

Premier, *-a mosi* ou mieux *-a kwanza*.
Deuxième, *-a pili*.
Troisième, *-a tatu*.
Quatrième, *-a nne*.
Cinquième, *-a tano*.
Sixième, *-a sita*.
Septième, *-a saba*.
Huitième, *-a nane*.
Neuvième, *-a kenda*.
Dixième, *-a kumi*.
Dernier, *-a mwisho*.

Mtoto wa tatu, le troisième enfant.
Nyota ya nane, la huitième étoile.
Kidole cha tano, le cinquième doigt.
Dvino la saba, la septième dent.

Exercice 13.

Chumvi, sel — *fimbo*, baguette, canne. — *kiberiti vi-*, allumette. — *kioo vi-*, miroir, verre. — *kuni*, bois à brûler, au sing. *ukuni*, un morceau de bois à brûler. — *mchuzi*, sauce. — *mtumbwi mi-*, pirogue. — *pilipili manga*, poivre noir. — *taa*, lampe. — *siki*, vinaigre.

Les fractions peuvent se traduire par *fungu*, partie.

Fungu la thelatini, la trentième partie, un trentième.
Fungu la kenda, la neuvième partie, un neuvième.

Les noms de fraction, *nus* ou *nusu*, moitié, *robo*, quart, *kas'robo*, trois quarts, sont généralement connus ; mais *themuni*, un huitième, *zerenge*, un cinquième, ne sont guère employés que par les Arabes, et par ceux qui ont appris l'arabe.

Article 3. — Adjectifs possessifs.

Les adjectifs possessifs sont :

-angu, mon, ma mes.	*-etu*, notre, nos.
-ako, ton, ta, tes.	*-enu*, votre, vos.
-ake, son, sa, ses.	*-ao*, leur, leurs.

Les adjectifs possessifs s'accordent avec les noms auxquels ils se rapportent, en prenant comme préfixe la *caractéristique* de la classe de ce nom, à sa forme indiquée devant une voyelle (voy. p. 19).

VERSION — Mwana wa tatu wa nahoza. — kidole cha pili. — nusu ya chumvi. — kiti cha nne. — taa ya mosi. — mtumbwi wa sita.— fungu la kuni la chumwi. — fungu la arbaini. — robo moja yap ilipili. — manga. — kas'robo ya viberiti. — kioo cha kwanza. — nusu ya mchuzi. — gote la pili. — mtungi wa nne. — chupa la kwanza la siki. — fimbo ya nane. — nusu ya kuni. — mtumbwi wa mwisho. — kiti cha pili. — kufuli ya kasha la kenda. — kizibo cha chupa la saba. — ufungo wa mlango wa nne. — mango wa pili wa nyumba.

Classe		Accord	Exemples
1re Cl.	sing.	*w.*	— *mtu w-angu*, mon homme.
	plur.	*w.*	— *watu w-angu*, mes hommes.
2e »	sing.	*w.*	— *mti w-ako*, ton arbre.
	plur.	*y.*	*miti y-ako*, tes arbres.
3e »	sing.	*y.*	— *nguo y-ake*, son étoffe.
	plur.	*z.*	— *nguo z-ake*, ses étoffes.
4e »	sing.	*ch.*	— *kisu ch-etu*, notre couteau.
	plur.	*vy.*	— *visu vy-etu*, nos couteaux.
5e »	sing.	*l.*	— *sikio l-ako*, ton oreille.
	plur.	*y.*	— *masikio y-enu*, vos oreilles.
6e »	sing.	*w.*	— *wembe w-ao*, leur rasoir.
	plur.	*z.*	— *nyembe z-ao*, leurs rasoirs.
7e »	sing. / plur.	*p.*	— *mahali p-angu*, ma place *ou* mes places. — *mahali p-etu*, notre place *ou* nos places.
8e »	sing. / plur.	*kw.*	— *kufa kw-ako*, ta mort. — *kufa kw-ao*, leur mort.
9e »	sing. / plur.	*mw.* / *p.* / *kw.*	— *nyumbani mw-angu*, dans ma maison. — *nyumbani p-ako*, à ta maison. — *nyumbani kw-ao*, vers leur maison.

Exercice 14.

Baruti, poudre. — *bunduki*, fusil. — *kikombe -vi*, coupe, tasse. — *mvua*, pluie. — *nguzo*, pilier. — *ujana*, jeunesse. — *ugonjwa*, *gonjwa*, maladie. — *ukuta kuta*, mur en pierre. — *uwongo*, mensonge. — *wali*, riz cuit.

THÈME. — Ma jeunesse. — Son bois. — Sa mauvaise sauce. — La lampe de mon frère. — La pipe de mon ami. — Mon beau fusil. — La poudre de leur compagnon. —

Le possessif se place toujours après le substantif, comme on l'a vu dans les exemples ci-dessus, et avant le qualificatif, s'il y en a.

NOTA 1° — Il y a deux formes enclitiques pour les adjectifs possessifs, lorsqu'ils sont joints à certains mots communs comme *baba*, père, *mama*, mère, *mwana*, enfant, *mwenzi*, compagnon, *mke*, femme, *mume*, mari, etc.

I. — La première consiste à faire disparaître la lettre finale du nom, et à suffixer le *radical* possessif.

mwanangu, mon fils,	au lieu de	*mwana wangu.*
mwenzako, ton compagnon,	—	*mwenzi wako.*
babake, son père,	—	*baba yake.*
wenzetu, nos compagnons,	—	*wenzi wetu.*
waanao, leurs enfants,	—	*waana wao.*

II. — La seconde forme, employée seulement pour la 2e et la 3e personne du singulier, consiste à ajouter au nom, la syllabe *caractéristique* propre à la classe de ce nom, suivie de *o* pour la 2e personne et de *e* pour la 3e.

Ma tasse. — Ton mensonge. — Les murs de notre maison. — La mauvaise maladie de ton enfant — Le gros pilier de notre maison. — Ton riz. — Nos jarres. — Les cinq doigts de ma main. — La mèche de sa lampe. — Ma dent gâtée. — Nos oignons. — Les cendres de leur foyer. — Les larmes de ses yeux. — Sa bouche. — Sa place. — Leur marché. — Les dix ongles de mes dix doigts. — La mauvaise eau de ton puits.

Exercice 15.

Bwana, maître, monsieur. — *Fungu ma-* banc, tas,

mkewo, ta femme,	pour	*mke wako.*
mamaye, sa mère,	—	*mama yake.*
jinalo, ton nom,	—	*jina lako.*
mwenziwe, son compagnon,	—	*mwenzi wake.*

Comme on peut le voir par les exemples ci-dessus, pour construire cette forme, il suffit d'ajouter au nom le possessif réduit à sa première et à sa dernière lettre.

NOTA 2° — Les adjectifs possessifs, se rapportant à des noms de la 3e classe désignant des êtres animés, prennent ordinairement l'accord de cette classe pour éviter toute ambiguïté ; car avec l'accord de la 1re classe il serait impossible de connaître le nombre du substantif.

Avec l'accord de la 1re classe, on a : *ndugu wangu*, pour le singulier comme pour le pluriel.

Avec l'accord de la 3e classe, on a : *ndugu yangu*, mon frère ; *ndugu zangu*, mes frères.

---

partie. — *kidau vi-*, petit vase, encrier. — *makasi*, ciseaux. — *ngombe*, bœuf. — *sukari*, sucre. — *tofali*, *ma-*, brique. — *wino*, encre, couleur noire. — *zulia*, tapis.

THÈME. — Le lait de nos vaches. — Le sucre de sa mère. — L'encre de mon frère. — Les bancs de notre pirogue. — Les ciseaux de ta mère. — Les briques de mon maître. — Tes beaux tapis. — Mon encrier. — Vos bœufs. — Notre sucre. — Mon compagnon. — Leurs enfants. — Dans sa bouche. — A notre marché. — Vers notre puits. — Dans ta main. — Vers sa cuisine. — Dans ta tête. — Dans notre chemin. — Les beaux fusils de son père. — Dans ses entrailles. — Sa salive. — Ses lettres. — Sa solde.

Article 4. — Adjectifs démonstratifs.

Il y a trois sortes d'adjectifs démonstratifs : 1° ceux qui indiquent les objets rapprochés ; 2° ceux qui indiquent les objets éloignés ; 3° ceux qui indiquent les objets déjà mentionnés.

I. — ADJECTIFS DÉMONSTRATIFS INDIQUANT LES OBJETS RAPPROCHÉS.

Ces adjectifs démonstratifs se composent des pronoms personnels sujets, précédés de la lettre *h*, à laquelle on donne pour voyelle celle du pronom personnel. (Voir plus loin les pronoms personnels).

1re CL.	sing. *yu.* / plur. *wa.*	— *mtoto huyu*, cet enfant-ci. *watoto hawa*, ces enfants-ci. — *ndugu huyu*, ce frère-ci. — *ndugu hawa*, ces frères-ci.
2e »	sing. *u.* / plur. *i.*	— *mlango huu*, cette porte-ci. — *milango hii*, ces portes-ci.
3e »	sing *i.* / plur. *zi.*	— *nyota hii*, cette étoile-ci. — *nyota hizi*, ces étoiles-ci.
4e »	sing. *ki.* / plur. *vi.*	— *kisu hiki*, ce couteau-ci. — *visu hivi*, ces couteaux-ci
5e »	sing. *li.* / plur. *ya.*	— *tawi hili*, cette branche-ci. — *matawi haya*, ces branches-ci.
6e »	sing. *u.* / plur. *zi.*	— *wembe huu*, ce rasoir-ci. — *nyembe hizi*, ces rasoirs-ci.
7e »	*pa.*	— *mahali hapa*, cette place-ci ou ces places-ci.
8e »	*ku.*	— *kufa huku*, cette mort-ci.

9e CL. { sing. plur. { *mu.* — *nyumbani humu*, dans cette maison-ci.
pa. — *nyumbani hapa*, à cette maison-ci
ku. — *nyumbani huku*, vers cette maison-ci.

II. ADJECTIFS DÉMONSTRATIFS INDIQUANT LES OBJETS ÉLOIGNÉS.

Ils se forment du pronom personnel sujet, suivi de la syllabe *le*.

1re CL. { sing. *yu*. plur. *wa*. { — *mtoto yu-le*, cet enfant-là.
— *watoto wa-le*, ces enfants-là.
— *ndugu yule*, ce frère-là.
— *ndugu wale*, ces frères-là.

Exercice 16.

Dirisha ma-, fenêtre. — *kamba*, corde. — *kiatu vi-*, soulier, sandale. — *kiazi vi-*, patate. — *kifungo vi-*, bouton. — *kikapu vi-*, panier. — *kiyambaza vi-*, mur en terre. — *mwanzi mi-*, bambou. — *nyoa ma-*, plume. — — *tete ma-*, roseau.

VERSION. — Viatu hivi vya ndugu yangu. — Kamba ndefu hizi. — Matete mazuti haya ya mto. — Dirisha hili. — Manyoa marefu ya ndege hizi. — Kikapu hiki cha babangu. — Mianzi mibovu hii. — Kilimani hapa. — Kisimani humu. — Sokoni huku. — Kifungo kidogo hiki. — Viazi vinene vya mwenzangu. — Bunduki hizi. — Fagio hizi za mpishi. — Uimbo huu wa nahoza. — Shanga nyeupe hizi. Kiyambaza hiki. — Madirisha haya ya nyumba yangu. — Nyota nyekundu hizi. — Kengele hii ya nduguyo. — Mbegu ndogo hizi za mti mkubwa huu. — Mitumba mizito hii.

2e CL.	sing. *u.*	—	*mlango u-le*, cette porte-là.
	plur. *i.*	—	*milango i-le*, ces portes-là.
3e »	sing. *i.*	—	*nyota i-le*, cette étoile-là.
	plur. *zi.*	—	*nyota zi-le*, ces étoiles-là.
4e »	sing. *ki.*	—	*kisu ki-le*, ce couteau-là.
	plur. *vi.*	—	*visu vile*, ces couteaux-là.
5 »	sing. *li.*	—	*tawi lile*, cette branche-là.
	plur. *ya.*	—	*matawi ya-le*, ces branches-là
6e »	sing. *u.*	—	*wembe u-le*, ce rasoir-là.
	plur. *zi.*	—	*nyembe zi-le*, ces rasoirs-là.
7e »	sing. plur. *pa.*	—	*mahali pa-le*, cette place-là, ces places-là.
8e »	sing. plur. *ku.*	—	*kufa ku-le*, cette mort-là.
9e »	sing. plur. *mu.*	—	*nyumbani mu-le* ou *m-le*, dans cette maison-là.
	pa.	—	*nyumbani pa-le*, à cette maison-là.
	ku.	—	*nyumbani ku-le*, vers cette maison là.

Pour indiquer un plus grand éloignement, on appuie sur la dernière syllabe, et on la prolonge en proportion de la distance.

Miti ule, cet arbre-là.
Mti ulee, cet arbre-là (plus loin).
Mti uleee, cet arbre-là (très loin).

Exercice 17.

Chungu vy-, pot en terre pour cuire. — *kinu vi-*, mortier en bois pour écraser le grain. — *mtama*, sorgho, — *muhindi mi-*, maïs. — *muhogo mi-*, manioc. — *paka*, chat. — *pua*, nez. — *unga*, farine. — *ungo ny-*, corbeille, plate et ronde pour cribler. — *unyele,-nyele*, poil, cheveux

Quelquefois ces derniers adjectifs démonstratifs sont redoublés, afin de préciser davantage, de désigner avec plus de force.

Mto ule ule, cette rivière-là même (c'est bien cette rivière-là).

Mambo yale yale, ces affaires-là même (ce sont bien ces affaires-là).

On peut donner le même sens aux adjectifs démonstratifs de la 1re catégorie (pour les objets rapprochés), en redoublant la dernière syllabe, et la plaçant ainsi redoublée, devant le démonstratif ordinaire.

Visu vivihivi, ces couteaux-ci même.
Nyumba zizihizi, ces maisons-ci même.

III. — ADJECTIFS DÉMONSTRATIFS INDIQUANT LES OBJETS DÉJA MENTIONNÉS.

Ils servent à désigner les objets dont il vient d'être question, comme dans cette phrase : cet homme (dont vous parlez) est mon frère. Ils semblent se former de l'adjectif démonstratif de la 1re catégorie en remplaçant le pronom personnel par

---

VERSION. — Unga ule wa muhindi. — Vinu vile. — Nyungo kubwa zile. — Nyele zile za kichwa changu. — Kilima kilee. — Soko lile. — Vyungu vivihivi. — Muhogo uleee. — Chupa lilihili. — Mahali palepale. — Paka yule wa mchawi. — Bunduki ndogo ile ya rafiki yako. — Unga ule wa mtama. — Vitunguu vizuri vile vya mtwana. — Mzigo wa mpagazi yule. — Kisu kile cha nahoza. — Chupa lile la siki. — Nyungo zile. — Pua ya mtumwa yule. — Meno yale. — Chungu kibovu kile. — Mtoni kule. — Mtumbwini mule. — Sokoni pale.

le pronom relatif, qui au fond n'en diffère que par la finale *o* ; *huyo* seul fait exception. (Voir plus loin les pronoms relatifs.)

1re Cl.	sing. *yo.*	— *mtu hu-yo*, cet homme (susdit).
	plur. *o.*	— *watu ha-o*, ces hommes (susdits.
2e »	sing. *o.*	— *mti hu-o*, cet arbre.
	plur. *yo.*	— *miti hi-yo*, ces arbres.
3e »	sing. *yo.*	— *nyota hi-yo*, cette étoile.
	plur. *zo.*	— *nyota hi-zo*, ces étoiles.
4e »	sing. *cho.*	— *kisu hi-cho*, ce couteau.
	plur. *vyo.*	— *visu hi-vyo*, ces couteaux.
5e »	sing. *lo.*	— *tawi hilo*, cette branche.,
	plur. *yo.*	— *matawi ha-yo*, ces branches
6e »	sing. *o.*	— *wembe ku-o*, ce rasoir.
	plur. *zo.*	— *nyembe hi-zo*, ces rasoirs.
7e »	*po.*	— *mahali ha-po*, cette place, ces places.
8e »	*ko.*	— *kufa hu-ko*, cette mort.
9e »	sing. plur. *mo.*	— *nyumbani hu-mo*, dans cette maison.
	po.	— *nyumbani ha-po*, à cette maison
	ko	— *nyumbani ku-ko*, vers cette maison.

— Matofali yale. — Sukari ile. — Makasi mema yale. — Ufa mkubwa ule. — Kikapu kitupu kile. — Mafundo yale ya kamba ile. — Siki kale ile. — Gudulia ile ile. Kigai kidogo kile — Makanda mazima yale. — Shimoni mule. — Mikate mitamu ile.— Ufa wa chungu kile. Pua ya paka yule. — Nyele nyekundu za mbwa yule.

Nota. — Les noms commençant par *u* ou *w*, qui n'ont pas de pluriel, soit parce qu'ils désignent des choses qui ne se comptent pas, soit parce qu'ils sont des noms collectifs, ou des noms abstraits, sont rangés dans la 6e classe.

NOTA. — Le démonstratif est toujours placé après le substantif ; s'il y a déjà un qualificatif, le démonstratif vient en dernier lieu.

Mti mrefu huu, cet arbre long.
Kisu kizuri hiki, ce beau couteau.

CHAPITRE IV.

PRONOMS

RÈGLE GÉNÉRALE. — L'accord se fait avec les pronoms de la même manière qu'avec les noms qu'ils représentent.

Article 1. — Pronoms personnels.

Il y a deux sortes de pronoms personnels : les pronoms personnels *isolés*, et les pronoms personnels non *isolés*.

I. — Les pronoms personnels isolés sont :

mimi, moi.	*sisi*, nous
wewe, toi.	*nyinyi*, vous.
yeye, lui, elle.	*wao*, eux, elles.

Exercice 18.

Buni, café vert, autruche. — *Kibanda vi-*, hutte. — *Kipande vi-*, pièce, morceau. — *Kitanda vi-*, bois de lit, lit. — *Mganga wa-*, médecin. — *Mnyororo mi-*, chaîne. — *Mpini mi-*, poignée, manche. — *Mzungu wa-*, Européen. — *Ndui*, variole.— *Sindano* ou *shindano ma-*, aiguille.

A la première personne, au lieu de *mimi* et de *sisi*, on dit souvent *miye* et *siye* ; la 2e personne est souvent contractée en *weye* ou *wee*, et la 3e en *yee*.

La 2e personne du singulier est toujours employée quand on ne parle qu'à une seule personne.

Ces pronoms ne s'emploient que pour tenir la place de noms désignant des êtres animés ; l'accord se fait avec eux comme avec les noms qu'ils représentent.

mimi mkubwa,	moi grand.
wao waviru,	eux paresseux.

Il n'y a pas de pronoms personnels isolés pour exprimer *lui, eux, elle,* etc., se rapportant à des êtres animés. Si, dans certaines circonstances, il faut les rendre, on se sert du pronom démonstratif.

NOTA. — Dans les phrases suivantes, le verbe *être* est sous-entendu.

VERSION. — Mimi mganga mkubwa. — Wewe mdogo. — Sisi wapagazi wa Wazungu. — Yeye mrefu, nawe mfupi. — Wao wabaya, nanyi wema. — Wewe mvivu, nami mzuri. — Yeye mzima. — Mimi mzito. — Nyinyi wanono. — Wao wanene, sisi wembamba. — Mimi mweupe, wewe mweusi. — Mimi kijana, yeye mzee. — Mimi mume, yeye mke. — Mimi mtumwa wa bwana Saidi. — Yeye mtumwa wa ndugu yangu. — Wewe rafiki ya babangu. — Sisi watoto wa bwana wako. — Nyinyi wageni wazuri. — Mimi mtoto mdogo. — Wewe mtoto mbaya. — Wewe mjinga. — Nyinyi ndugu zetu.

Le pronom personnel *isolé* est toujours employé SEUL, c'est-à-dire n'est pas joint à d'autres mots si ce n'est avec *na*, et, avec, et *ndi* ; et encore dans ces cas lui retranche-t-on la première syllabe, comme il suit :

nami, et *ou* avec moi.	*nasi* ou *naswi*, et avec nous.
nawe, et *ou* avec toi.	*nanyi*, et *ou* avec vous.
naye, et *ou* avec lui.	*nao*, et *ou* avec eux.

Si *lui*, *eux*, remplacent des noms d'êtres inanimés, on se sert du pronom relatif, que l'on joint à *na* (voir ci-dessous p. 48).

On verra plus loin l'emploi de *ndi* avec le pronom personnel.

II. — Le pronom personnel *non isolé* est employé comme sujet ou comme complément du verbe.

Les pronoms personnels sujets sont :

ni-n,	je	*tu-tw*,	nous.
u-w,	tu.	*mu-m* ou *mw*,	vous.
a-yu,	il, elle.	*wa*,	ils, elles.

— Mimi rafiki yako. — Sisi ndugu zenu. — Nyinyi wapagazi wa babangu. — Mimi mtu wako.

Exercice 19.

Bahari, marin. *bata ma-*, canard. — *bata mala bukini*, oie. — *bata la mzinga*, dindon. — *bati*, ferblanc, étain. — *gugu ma-*, bois, taillis, broussailles. — *mangaribi*, ou *magaribi*, coucher du soleil, ouest. — *mashua*, chaloupe, bateau. — *merkebu*, navire, vaisseau. — *serkali*, le gouvernement.

Les pronoms personnels régimes sont :

ni-n, me, moi.	*tu-tw*, nous.
ku-kw, te, toi.	*wa*, vous.
m-mw, lui, elle.	*wa*, eux, elles.

Le pronom personnel sujet ou régime, représentant des êtres inanimés, n'est autre chose que la syllabe *caractéristique* propre à chaque classe, qui subit les modifications ordinaires quand elle est sujet devant une voyelle, et ne varie pas quand elle est régime, à l'exception de *u* et *i*, qui deviennent *w* et *y* devant une voyelle.

PRONOMS PERSONNELS.

	Sujets			Régimes	
	sing.	plur.		sing.	plur.
2e CL.	*u-*, *w*,	*i-y*.	2e CL.	*u-*, *w*,	*i-y*.
3e CL.	— *i-*, *y*,	— *zi-*, *z*.	3e CL.	*i-*, *y*,	— *zi*.
4e CL.	— *ki-*, *ch*,	— *vi-*, *vy*	4e CL.	— *ki*,	— *vi*.
5e CL.	— *li-*, *l*,	— *ya-*, *y*.	5e CL.	— *li*,	— *ya*.
6e CL.	— *u-*, *w*,	— *zi*, *z*.	6e CL.	— *u-*, *w*,	— *zi*.
7e CL.	— *pa-*, *p*,	— *pa-*, *p*.	7e CL.	— *pa*,	— *pa*.
8e CL.	— *ku-*, *kw*,	— *ku*, *kw*	8e CL.	— *ku-*,	— *ku*.
9e CL.	*mu-*, *m-*, *mw*. *pa-*, *p*. *ku-*, *k-*, *kw*.				

RÉCAPITULATION DES RÈGLES PRÉCÉDENTES

VERSION. — Buni ya mamangu. — Mabata wazuri wa ndugu yangu. — Manyoa ya bata la bukini. — Kipande cha nguo yako. — Kitanda changu hiki. — Ndui ugonjwa mbaya. — Mpini huu wa shoka lako. — Vibanda vya wapagazi wetu. — Shindano la rafiki yangu. — Maguguni. — Watoto wa bata la mzinga. — Ba-

Nota. — Les pronoms de la 9e classe ne s'emploient guère qu'avec le verbe *être* ou le verbe *avoir*.

Le pronom sujet se préfixe au verbe dans la conjugaison ; le pronom régime s'intercale dans le verbe, comme nous le verrons au chapitre du verbe.

Nota. — La forme *yu* pour la troisième personne singulier n'est employée qu'avec les verbes monosyllabiques, et encore l'est-elle bien rarement.

---

kuli ya bati. — Baharia wetu wavivu. — Nguvu yangu — Watu wa serkali. — Mashua kubwa ya bwana Saidi. — Merkebu nane za serkali. — Mnyororo wa mbwa yako. — Saa ya mangaribi. — Pepo za mangaribi. — Killa mtu wa serkali. — Baharia wanane. — Nyumba ya matofali. — Madirisha makubwa ya nyumba yako. — Jua kali. — Siki kali. — Nyama kali. — Mtu mkali. — Uwongo wako. — Mitungi mitupu miwili — Wali mitupu. — Unga wa mwenziwe. — Viatu vya wazungu wale. — Fisi mke mmoja. — Kisimani. — Kitandani mwake.

Exercice 20.

Bastola, pistolet, revolver. — *kiasi vi-*, cartouche. — *kasia ma-*, rame. — *mjoli wa-*, compagnon d'esclavage. — *mjeledi mi-*, fouet. — *mkia mi-*, queue. — *nanga*, ancre. — *ngambo*, l'autre bord d'une rivière, d'un lac, etc. — *upande*, *pande*, côté. — *uzia*, embarras, difficulté.

Version. — Mkia wa ngombe wako. — Viasi vya bastola yangu. — Upande wako. — Upande wangu. — Pande mbili. — Mnyororo mrefu wa nanga. — Makasia

Article 2. — Pronoms relatifs.

Le pronom relatif est *o* ; il s'accorde avec le nom qu'il représente, en prenant la *caractéristique* de la classe de ce nom ; *ye* fait seul exception.

1re CL.	sing.	*ye*,	plur.	*wo* ou *o*, qui que.
2e CL.	—	*wo* ou *o*	—	*yo*,
3e CL.	—	*yo*,	—	*zo*,
4e CL.	—	*cho*,	—	*vyo*,
5e CL.	—	*lo*,	—	*yo*,
6e CL.	—	*wo* ou *o*,	—	*zo*,
7e CL.		*po*,	—	*po*,
8e CL.		*ko*,	—	*ko*,
9e CL.	sing. plur.	*mo*, où (dedans) *po*, où (près) *ko*, où (vers)		*po*, s'emploie aussi bien pour le temps que pour le lieu : dans le temps où, c'est-à-dire, quand.

Le relatif ne s'emploie que joint à un verbe ; nous verrons plus loin la manière de s'en servir et la place qu'il doit occuper.

Il est cependant employé isolé, avec *-ote*, tout.

---

yote ya baharia wetu. — Kisu cha mjoli wako. — Uzia wa njia. — Ngambo ya pili ya mto huu. — Mjeledi ule wa bwana wetu. — Sisi wajoli wako. — Jasho ya mtumwa wangu. — Mate ya chui. — Sisi watu wa mshahara. nanyi watumwa. — Mahali pa moto. — Kufa kwake kuzuri. — Kinanda chako kizuri. — Majina yote ya wapagazi wetu. — Meno marefu ya mamba. — Ufa mkubwa wa chungu kile. — Makanda mema haya ya mitumba yangu. — Kitabu changu kile. — Upande wa mangaribi. — Shimoni mule. — Kasha zuri ya bati. — Nanga ya mashua yetu.

Ye yote, wo wote, quiconque, qui que ce soit.
Ye yote atakayepita, mpige, quiconque passera, frappe-le.
Wo wote, yo yote, zo zote, cho chote, vyo vyote, lo lote, po pote, ko kote, quelconque.

Les pronoms relatifs se joignent aussi avec *na* avec, et, pour traduire le pronom personnel quand il s'agit d'êtres inanimés, comme nous l'avons vu plus haut.

SINGULIER	PLURIEL
2e CL. (*mti*) *nao*, et *ou* **avec lui**	*nayo*, et *ou* **avec eux** (arbre)
3e CL. (*ngoma*) *nayo* —	*nazo* — (tambour)
4e CL. (*kisu*) *nacho* —	*navyo* — (couteau)
5e CL. (*tawi*) *nalo*, et *ou* **avec elle**	*nayo*, et *ou* **avec elles** (branche)
6e CL. (*wembe*) *nao* —	*nazo* — (rasoir)
7e CL. (*mahali*) *napo* —	*napo* — place)
8e CL. (*kufa*) *nako* —	*nako* (mort)

Qui, interrogatif, se rend par *nani* ? invariable.

Nani anayekuja ? Qui est-ce qui vient ?
Umempiga nani ? Qui as-tu frappé ?

Que (quoi), interrogatif, se rend par *nini* ? invariable.

Unataka nini ? Que veux-tu ?
Nitakupa nini ? Que te donnerai-je ?

Nini se contracte quelquefois en *ni.*

Unafanya ni ? Que fais-tu ?
Atapata ni ? Qu'obtiendra-t-il ?

Exercice 21.

Kiboko vi-, hippopotame. — *kiroboto vi-*, puce. — *makaa*, charbon. — *mgi mi-*, ville, bourg. — *moshi mi-*, fumée. — *moyo mi-*, cœur, esprit. — *mtumishi wa-*, ser-

Article 3. — Pronoms possessifs.

Les pronoms possessifs, en kiswahili, sont absolument les mêmes que les adjectifs possessifs ; ils s'accordent de la même façon, avec les substantifs dont ils tiennent la place.

Nipe kisu chako, nimesahau changu, donne-moi ton couteau, j'ai oublié le mien.

Mwana wako mzuri, wangu mbaya, votre enfant est bon, et le mien est méchant.

Nyumba yake ndogo, yako kubwa, sa maison est petite et la tienne est grande.

Sitalala nyumbani mwako, nitalala mwangu, je ne dormirai pas dans votre maison, je dormirai dans la mienne.

Sitakwenda kwao, nitakwenda kwako, je n'irai pas chez eux, j'irai chez toi.

Les pronoms possessifs de la 9e classe ont un sens particulier.

9e CL.
- *mw-angu, mw-ako, mw-ake*, etc., chez moi, toi, lui, etc. (à l'intérieur).
- *p-angu, p-ako, p-ake*, etc., chez moi, toi etc., (près).
- *kw-angu, kw-ako, kw-ake*, etc., chez moi, toi, etc., (vers, aux environs).

---

viteur. — *mwiko mi-*, cuiller. — *nyanya*, tomate. — *shamba ma-*, jardin, champ, cultures.

NOTA. — Dans les phrases suivantes, le verbe *être* ne se traduit pas.

THÈME. — Cette ville-ci est grande, celle-là est petite. — Cette cuiller-ci et celle-là. — Cet hippopotame-là et celui-ci. — Mon charbon est mauvais, le tien est

Article 4. — Pronoms démonstratifs.

Les pronoms démonstratifs, en kiswahili, sont absolument les mêmes que les adjectifs démonstratifs.

Kichukue hiki, kakiache kile (*kisu*, couteau), prenez celui-ci et laissez celui-là.

Huu mzuri, lakini ule mbaya (*mti*, arbre), celui-ci est beau, mais celui-là est mauvais.

Hii ndogo, ile kubwa (*ngoma*, tambour), celui-ci est petit, celui-là est grand.

Hilina lile (*tawi*, branche), celle-ci et celle-là.

Amemfunga humu, il l'a enfermé là-dedans.

Huyo mkubwa (*mtu*, homme), celui-là (dont on vient de parler) est grand.

Hivyo vikukuu (*visu*, couteaux) ceux-là (dont il a été question) sont usés.

Les pronoms démonstratifs de la 9e classe ont un sens particulier.

	1° OBJETS RAPPROCHÉS		2° OBJETS ÉLOIGNÉS
9e CL.	***humu***, ici, là (dedans) ***hapa***, ici, là (près) ***huku***, ici, là (par, vers)	9e CL.	***mule*** ou ***mle***, là, là-bas (dedans). ***pale***, là, là-bas (près) ***kule***, là, là-bas (par, vers).

---

bon. — Ces tomates-ci, et celles-là. — Dans son cœur et dans le mien. — Ces champs-ci et ceux-là. — Ces serviteurs-ci et ceux-là. — Ce couteau-ci de mon père et celui-là de ma mère. — Ce champ-ci et celui-là. — Là, dans le puits. — Là-bas, sur la montagne. — Ces serviteurs-ci de votre père et ceux-là de mon frère. — Cette farine-ci et celle-là. — Celui-ci et celui-là (morceau). — Celles-ci et celles-là, (aiguilles). — Celui-ci est au méde-

3° OBJETS MENTIONNÉS

9e CL.	*humo,*	là dans le lieu susdit	(dedans)
	hapa,	là	(près)
	huko,	là	(par, vers)

CHAPITRE V

DU VERBE

Nous parlerons d'abord de la conjugaison des verbes, puis des différentes sortes de verbes.

Article 1. — Conjugaison des verbes.

Il n'y a en kiswahili, à proprement parler, que deux conjugaisons, la conjugaison affirmative et la conjugaison négative. Tous les verbes primitifs, applicatifs, passifs, etc., se conjuguent absolument de la même manière, et ont les deux formes affirmative et négative.

La conjugaison interrogative ne diffère pas de la conjugaison simple ; l'interrogation s'indique dans l'écriture par la ponctuation, et dans le langage, par l'accent.

---

cin, et celui-là au blanc (café). 18 Ce grand miroir-là et ce petit-ci. 19 Celui-ci est à mon frère (de mon frère), et celui-là à mon ami (fusil). 20 Ces moutons-ci et ceux-là. 21 Le mien et le tien (sabre). 22 Les siennes et les leurs (perles). 23 Là, sur le chemin. 24 Là-bas, vers la rivière. 25 Ici, à la maison. 26 Ici, sur le lit. 27 Là-bas, au marché

Tous les verbes, quels qu'ils soient, peuvent être mis à un temps impersonnel, qui se construit au moyen de *ku*, mis devant le radical du verbe : il indique que l'action marquée par le verbe se fait communément d'habitude.

Watu wa Ujiji huoga siku zote, les gens d'Ujiji se baignent tous les jours.

Massanze huvua samaki nyingi, au Massanzé, on pêche beaucoup de poissons.

Dans quatre paragraphes nous donnerons :

I. — Conjugaison régulière des verbes, à l'affirmatif et au négatif.

II. — Conjugaison plus ou moins irrégulière de certains verbes qui conservent le *ku* de l'infinitif, à quelques-uns de leurs temps.

III. — Conjugaison du verbe *être*.

IV. — Conjugaison du verbe *avoir*.

Exercice 22.

Jenga ku-, bâtir. — *fika ku-*, arriver. — *kata ku*, couper. — *piga ku-*, frapper. — *pita ku-*, passer, surpasser. — *pika ku-*, cuire (act.) — *mwaga ku-*, renverser, répandre. — *nunua ku-*, acheter. — *saga ku-*, moudre. — *shona ku-*, coudre.

VERSION. — Najenga nyumba kubwa. — Alifika mtoni akakata matete. — Unapika nyama ? — Sipiki kitu. — Umepika ? — Sikupika. — Sitapika. — Ungalipika. — Usipike. — Usimwage maji ya mtungi. — Walimwaga. — Tumemwaga. — Mmemwaga. — Tutamwaga. — Mtanunua mafuta ya ngombe. — Shamba langu lapita lako. — Fisi hupita huku. — Mtu huyu hupiga watumwa wake. — Utashona vipande viwili hivi

§ 1. Conjugaison régulière des verbes.

Le verbe, à ses différents temps et à ses différentes personnes, peut être employé seul ou avec des pronoms intercalés. Dans trois numéros, nous donnerons :

1° Conjugaison simple du verbe, sans pronoms intercalés.

2° Verbe avec pronom personnel régime intertercalé.

3° Verbe avec pronom relatif joint ou intercalé.

I. Conjugaison simple affirmative et négative sans pronoms intercalés.

En kiswahili, il n'y a que cinq modes : le participe manque. Il n'y a pas à proprement parler de formation de temps ; les temps s'indiquent par une particule placée devant le radical du verbe, immédiatement après le pronom personnel. Chaque temps a sa particule propre, qui est la même pour toutes les personnes au singulier et au pluriel ; c'est sa marque distinctive. Quelques temps n'ont pas de particule ; ils s'indiquent par un changement de la lettre finale du verbe. Les particules distinctives de chaque temps à l'affirmatif et au négatif sont :

---

vya nguo ? — Sitashona. — Kateni miti hii na ile. —Tutafika papahapa sokoni. — Asaga muhindi. Wasaga mtama. -- Hatukusaga mtama. Hawakusaga. — Hukusaga. — Mmesaga ? — Watumwa wetu husaga. — Nyumba hii yapita ile. — Nyumba hizi zapita zile. —

AFFIRMATIF		NÉGATIF	
Indicatif			
Présent habituel	*-a-*	présent unique ; *a* final changé en *i*.	
Présent actuel	*-na-*		
Passé indéfini	*-me-*	passé unique	*-ku-*
Passé défini *-ali-* ou *li-*			
Passé narratif	*-ka-*	*(pas de correspondant)*	
(pas de correspondant)		passé (pas encore)	*-ja-*
Futur	*-ta-*	futur	*-ta-*
Conditionnel			
Présent	*-nge-* ou *-nga-*	présent	*-nge-*
Passé	*-ngali-*	passé	*-ngali-*
Autre temps	*-ki-*		*-sipo-*
id.	*-japo-*	*(pas de correspondant)*	
Impératif			
sing. *a* final souvent changé en *e*.		*si-* préfixé à l'affirmatif.	
plur. *-ni* suffixé au sing.			
Subjonctif			
a final changé en *e*.		*si-* intercalé dans l'affirmatif	
(pas de correspondant)		Autre temps	*-sije-*
Infinitif			
-ku-		*kuto* ou *kutoa ku-*	

Usipige punda yangu. — Hakupika ndizi. — Sipike ndizi. — Amenunua viazi vizuri. — Hawajengi nyumba nzuri. Hutanunua nguo. — Hatutanunua maziwa. — Hamkununua mbuzi. — Walinunua kondoo nnono.

Exercice 23.

Anguka ku-, tomber. — *fanya ku-*, faire. — *funga ku-*, lier, fermer, emprisonner, jeûner. — *kauka ku-*, sécher, se dessécher. — *kungula ku-*, secouer (ses mains, ses habits,

Nota. — Les verbes qui ne sont pas terminés en *a*, ne changent pas leur lettre finale, au présent négatif, à l'impératif et au subjonctif.

La personne est marquée à l'affirmatif par le pronom personnel sujet, que nous avons donné plus haut, et qui varie à la troisième personne, suivant la classe des noms qu'il représente ; mais il est le même pour tous les temps et tous les modes.

Au négatif, les pronoms personnels éprouvent quelques modifications. A la 1re personne, *ni* se change en *si* ; à la 2e et à la 3e du singulier de la 1re classe, on préfixe *h* ; aux trois personnes du pluriel et aux pronoms de toutes les autres classes, on préfixe *ha*. Les pronoms personnels sujets, à l'affirmatif et au négatif, sont :

---

pour faire tomber la poussière, la saleté). — *nuka ku-*, sentir (neutre). — *ona ku-*, voir, percevoir, sentir, éprouver. — *ondoka ku-*, se déranger, s'en aller, se lever. — *oza ku-*, pourrir, se gâter. — *tazama ku-*, regarder.

Thème. — La maison tombe, tombera, est tombée. — La maison n'est pas tombée, elle ne tombera pas. — Ma dent tombe, tombera. — Ces grands murs seraient tombés, ils ne sont pas tombés. — Avez-vous fermé la porte ? — Emprisonnerez-vous votre mauvais esclave ? Je ne jeûne pas, je n'ai pas jeûné. — L'âne est-il parti ? il n'est pas parti. — Le manioc se dessèche, il se desséchera. — Mes étoffes sont-elles sèches ? — Cette viande sent. — L'eau de mon puits ne sent pas. — Les Européens font de belles choses. — Ils ne font pas la pluie. — Ma mère fait du pain. — Le cuisinier cuira-t-il de la viande ? Il n'a pas cuit de patates.— Qu'il ne cuise pas

		AFFIRMATIF		NÉGATIF	
		Sing.	Plur.	Sing.	Plur.
1re pers.		*ni, n,*	*tu, tw.*	*si,*	*hatu,*
2e —		*u, w,*	*m, mw.*	*hu,*	*ham, hamw.*
3e —	1re Cl..	*a,*	*wa.*	*ha,*	*hawa,*
	2e —	*u, w,*	*i, y.*	*hau,*	*hai,*
	3e —	*i, y,*	*zi, z.*	*hai,*	*hazi,*
	4e —	*ki, ch,*	*vi, vy.*	*haki,*	*havi,*
	5e —	*li, l,*	*ya, y.*	*hali,*	*haya,*
	6e —	*u, w,*	*zi, z.*	*hau,*	*hazi,*
	7e —	*pa,*	*pa.*	*hapa,*	*hapa,*
	8e —	*ku, kw.*	*ku, kw.*	*haku,*	*haku,*

Nota. — A la 3e personne du singulier et du pluriel, *a* du pronom personnel sujet disparaît tout à fait, quand la particule de temps commence par une voyelle.

Dans la conjugaison ci-dessous du verbe *kupenda*, aimer, pour plus de clarté, nous donnons le négatif en face de l'affirmatif.

---

de bananes. — Avez-vous vu mon bateau ? — J'éprouve la faim. — Il n'a pas éprouvé la faim. — Ne regardez pas ce mauvais homme. — Secouez vos étoffes. — Secouez la saleté de vos souliers. — Ces bananes pourriront. — La rivière se desséchera. — Elle n'est pas encore desséchée. — Ils n'ont pas encore vu d'Européens. — Vous n'avez pas encore lié cet esclave paresseux ? — Mes perles tombèrent dans le chemin. — Ces oignons ne pourriront-ils point ? — Il a cousu mes souliers, et il est parti. — Il regarda les étoiles, et il tomba. — Il arriva, fit du feu, et cuisit la viande. — Ne vous dérangez pas. — Si tu passes chez moi, tu verras mon joli miroir. — Je n'ai pas passé ici. — Ils ne passèrent pas ici.

AFFIRMATIF	NÉGATIF

INDICATIF

Prés. habituel-*a*-J'aime, etc.

Sing.

1re pers.		*n-a-penda.*
2e —		*w-a-penda.*
3e —	1re CL.	*-apenda.*
	2e —	*w-a-penda.*
	3e —	*y-a-penda.*
	4e —	*ch-a-penda.*
	5e —	*l-a-penda.*
	6e —	*w-a-penda.*
	7e —	*p-a-penda.*
	8e —	*kw-a-penda.*

Plur. Nous aimons, etc.

1re pers.		*tw-a-penda.*
2e —		*mw-a-penda.*
3e —	1re CL.	*w-a-penda.*
	2e —	*y-a-penda.*
	3e —	*z-a-penda.*
	4e —	*vy-a-penda,*
	5e —	*y-a-penda.*
	6e —	*z-a-penda.*
	7e —	*p-a-penda.*
	8e —	*kw-a-penda.*

Prés. unique, *a* final changé en *i*.

Sing. je n'aime pas etc.

1re pers.		*si-pendi.*
2e —		*hu-pendi.*
3e —	1re CL.	*ha-pendi.*
	2e —	*hau-pendi.*
	3e —	*hai-pendi.*
	4e —	*haki-pendi*
	5e —	*hali-pendi.*
	6e —	*hau-pendi.*
	7e —	*hapa-pendi.*
	8e —	*haku-pendi.*

Exercice 24.

Chukua ku-, emporter, porter. — *jaa ku-*, se remplir. — *ingia ku-*, entrer (neut.). — *panda ku-*, monter (neut.), s'élever ; semer, planter. — *pasua ku-*, fendre, déchirer. — *pungua ku-*, diminuer (neut.). — *sikia ku-*, entendre, comprendre. — *sugua ku-*, frotter, nettoyer, laver. — *tafuta ku*, chercher, rechercher. — *weza ku-*.

AFFIRMATIF			NEGATIF		
Présent actuel *-na-*,					
Sing. J'aime, tu aimes, etc.			Pl. Nous n'aimons pas, etc.		
1re pers.		*ni-na-penda.*	1re pers.		*hatu-pendi.*
2e —		*u-na-penda.*	2e —		*ham-pendi.*
	1re Cl.	*a-na-penda.*		1re Cl.	*hawa-pendi.*
3e —	2e —	*u-na-penda.*	5e —	2e —	*hai-pendi.*
	3e —	*i-na-penda.*		3e —	*hazi-pendi.*
	4e —	*ki-na-penda.*		4e —	*havi-pendi.*
	5e —	*li-na-penda.*		5e —	*haya-pendi.*
	6e —	*u-na-penda.*		6e —	*hazi-pendi.*
	7e —	*pa-na-penda.*		7e —	*hapa-pendi.*
	8e —	*ku-na-penda*		8e	*haku-pendi.*

AFFIRMATIF		
Plur. Nous aimons, etc.		
1re pers.		*tu-na-penda.*
2e —		*m-na-penda.*
	1re Cl.	*wa-na-penda.*
3e —	2e —	*i-na-penda.*
	3e —	*zi-na-penda.*
	4e —	*vi-na-penda.*
	5e —	*ya-na-penda.*
	6e —	*zi-na-penda.*
	7e —	*pa-na-penda.*
	8e —	*ku-na-penda.*

---

pouvoir, être capable. (Le présent nég. *siwezi*, etc., je ne peux pas, est employé pour dire, je suis malade, etc.)

VERSION. — Moshi waingia nyumbani mwangu. — Sikuingia nyumbani mwake. — Tumeingia humu. — Hawakuingia humu. — Hasikii kiswahili. — Atasikia kiswahili. — Mmesikia maneno yangu ? — Hamkusikia maneno ya baba yenu ? — Hamjapanda muhogo ? — Hatupandi mtama. — Tutapanda viazi. — Nimepanda kilimani. — Maji yapungua kisimani. — Mali yake hai-

Nota. — Au présent négatif, *i* de *si* disparaît souvent devant une voyelle : *sendi* pour *siendi*, je ne vais pas. Cette contraction a lieu aussi dans les autres temps : *usondoke* pour *usiondoke*, ne pars pas.

Au présent actuel, *ni* est souvent contracté en *n*, et quelquefois il est tout à fait omis : *nakuja* pour *ninakuja*, je viens.

AFFIRMATIF		NÉGATIF	
Passé défini *-li-*,		Passé *-ku-*	
Sing. J'aimai, tu aimas, etc.		Sing. Je n'aimais pas, ou je n'aimai pas, ou je n'ai pas aimé, etc.	
ni-li-penda		*si-ku-penda.*	
u-li-penda		*hu-ku-penda.*	
1re Cl. *a-*	*li-penda.*	1re Cl. *ha-*	*ku-penda.*
2e — *u-*		2e — *hau-*	
3e — *i-*		3e — *hai-*	
4e — *ki-*		4e — *haki-*	
5e — *li-*		5e — *hali-*	
6e — *u-*		6e — *hau-*	
7e — *pa-*		7e — *hapa-*	
8e — *ku-*		8e — *haku-*	

---

pungui. — Hujasugua kikombe changu ? — Watu hawa hawasugui bunduki zao. — Akachukua upanga wake. — Mtachukua nguo zenu. — Hakuchukua baruti. — Mumepasua kuni ? — Tutapasua kuni. — Tukatafuta shanga zetu. — Hatujatafuta baharia. — Aliondoka kutafuta kisu chake. — Nguo zetu hazijakauka ? — Zitakauka. — Mto ule umejaa. — Kikombe hakikujaa. — Kikombe kikijaa. — Chupa hili likijaa. — Siwezi. — Hawezi. — Mtaweza kupanda kule ? — Tutaweza. — Waweza ku-

TABLEAU SYNOPTIQUE DE LA CONJUGAISON.

Les pronoms sont les mêmes pour tous les modes et tous les temps.
Les particules sont propres à chaque temps, et servent pour toutes les personnes au singulier et au pluriel.
Le radical du verbe ne change pas, si ce n'est à l'impératif, au subjonctif et au présent négatif.
Au négatif, trois temps se conjuguent avec les pronoms affirmatifs ; la négation se trouve dans la particule.

AFFIRMATIF

PRONOMS

	Sing.	Plur.
1re CL.	*ni, n,*	*tu, tw.*
	u, w,	*m, mw.*
	a,	*wa.*
2e —	*u, w,*	*i, y.*
3e —	*i, y,*	*zi, z.*
4e —	*ki, ch,*	*vi, vy.*
5e —	*li, l,*	*ya, y.*
6e —	*u, w,*	*zi, z.*
7e —	*pa, p.*	
8e —	*ku, kw.*	
9e —	*mu, mw, m.*	
	pa, p.	
	ku, kw.	

PARTICULES DE TEMPS — RADICAL

INDICATIF

	Particule	Radical
Présent habituel	*a.*	*penda.*
Présent actuel	*na.*	
Passé indéfini	*me.*	
Passé défini	*li, ali.*	
Passé narratif	*ka.*	
Futur	*ta.*	
CONDITIONNEL		
Présent	*nge, nga.*	
Passé	*ngali.*	
Autre temps	*ki.*	
Autre temps	*japo.*	

SUBJONCTIF — *pende.*

IMPÉRATIF

Singulier	*penda* ou *pende.*
Pluriel	*pendani* ou *pendeni.*

NÉGATIF

PRONOMS

	Sing.	Plur.
1re CL.	*si,*	*hatu.*
	hu,	*ham.*
	ha,	*hawa.*
2e —	*hau,*	*hai.*
3e —	*hai,*	*hazi.*
4e —	*haki,*	*havi.*
5e —	*hali,*	*haya.*
6e —	*hau,*	*hazi.*
7e —	*hapa.*	
8e —	*haku.*	
9e —	*ham, hamu.*	
	hapa.	
	haku.	

PARTICULES DE TEMPS

INDICATIF

	Particule	Radical
Présent		*pendi.*
Passé	*ku.*	*penda.*
Autre passé	*ja.*	
Futur	*ta.*	
CONDITIONNEL		
Présent	*nge.*	
Passé	*ngali.*	

PRONOMS

	Sing.	Plur.
1re CL.	*ni,*	*tu.*
	u,	*m.*
	a,	*wa.*
2e —	*u,*	*i.*
3e —	*i,*	*zi,*
4e —	*ki,*	*vi.*
5e —	*li,*	*ya.*
6e —	*u,*	*zi.*
7e —	*pa.*	
8e —	*ku.*	
9e —	*m, mu.*	
	pa.	
	ku.	

CONDITIONNEL

sipo. — *penda.*

SUBJONCTIF

si.
sije. — *pende.*

IMPÉRATIF

Sing. *si penda* ou *pende.*
Plur. *si pendani* ou *pendeni.*

Pour avoir la conjugaison d'un temps, il suffit de répéter successivement tous les pronoms devant la particule de ce temps, que l'on fait suivre du radical du verbe.

AFFIRMATIF			NÉGATIF		
Plur. Nous aimâmes, etc.			Plur. Nous n'aimions pas etc.		
	tu-li-penda.			*hatu-ku-penda.*	
	m-li-penda.			*ham-ku-penda.*	
1re CL.	*wa-*	*li-penda.*	1re CL.	*hawa*	*ku-penda.*
2e —	*i-*		2e —	*hai,*	
3e —	*zi-*		3e —	*hazi-*	
4e —	*vi-*		4e —	*havi-*	
5e —	*ya-*		5e —	*haya-*	
6e —	*zi-*		6e —	*hazi-*	
7e —	*pa-*		7e —	*hapa-*	
8e —	*ku-*		8e —	*haku-*	

Autre passé défini *ali-*,
Sing. J'aimai, tu aimas, etc.
n-ali-penda.
w-ali-penda.

1re CL.	*ali-penda.*	
2e —	*w-*	*ali-penda.*
3e —	*y-*	
4e —	*ch-*	
5e —	*l-*	
6e —	*w-*	
7e —	*p-*	
8e —	*ku-*	

---

kata mti ule. — Huwezi kuingia humu. — Hawezi kupita huku. — Sikupiga mtu. — Hukuingia humu.

Exercice 25.

Fuata ku-, suivre. — *fungua ku-*, délier, ouvrir, relâcher. — *lia ku-*, crier. — *ola ku-*, germer, lever, rêver. — *pata ku-*, obtenir, arriver à, éprouver, trouver. — *peleka ku-*, envoyer, mener, porter.— *pomoka ku-*, tomber, s'écrouler. — *rudi ku-*, revenir, retourner. — *sahau ku-*, oublier. — *toka ku-*, sortir.

THÈME — Un bon fils suit les avis de son père. — Tu suivras ton compagnon. — Il n'a pas suivi ses amis.

AFFIRMATIF	NÉGATIF
Plur. Nous aimâmes, etc.	
tu-ali-penda.	
mw-ali-penda.	
1e CL. *w-*	
2e — *y-*	
3e — *z-*	
4e — *vy-* } *ali-penda*	
5e — *y-*	
6e — *z-*	
7e — *p-*	
8e — *ku-*	
Passé indéfini *-me-*,	Passé particulier au négatif, *-ja-*.
Sing. J'ai aimé tu as aimé, etc.	Sing. Je n'ai pas encore aimé, etc.
ni-me-penda.	*si-ja-penda.*
u-me-penda.	*hu-ja-penda*
1e CL. *a-*	1e CL. *ha-*
2e — *u-*	2e — *hau-*
3e — *i-*	3e — *hai-*
4e — *ki-*	4e — *haki-*
5e — *li-* } *me-penda.*	5e — *hali-* } *ja-penda.*
6e — *u-*	6e — *hau-*
7e — *pa-*	7e — *hapa-*
8e — *ku-*	8e — *haku.*

J'ai oublié d'emporter ma lance. — N'oubliez pas de fermer la porte. — Le cuisinier n'a pas oublié de cuire des bananes. — Vous n'oublierez pas de fendre du bois. — Pourrez-vous revenir ici ? — Je ne reviendrai pas. Il n'est pas encore revenu. - Vous porterez à la maison mon fusil et ma poudre. - Menez cet homme au puits. — Ne menez pas les bœufs à la rivière. — Vous n'avez pas encore délié les chèvres et les moutons. — Et il ouvrit ma grande caisse. — Le sorgho est levé. — Le

AFFIRMATIF	NÉGATIF
Plur. Nous avons aimé, etc.	Plur. Nous n'avons pas encore aimé, etc.
tu-me-penda.	*hatu-ja-penda.*
m-me-penda.	*ham-ja-penda.*
1re CL. *wa-*	1re CL. *-hawa-*
2e — *i-*	2e — *hai-*
3e — *zi-*	3e — *hazi-*
4e — *vi-*	4e — *havi-*
5e — *ya-*	5e — *haya-*
6e — *zi*	6e — *hazi-*
7e — *pa-*	7e — *hapa-*
8e — *ku-*	8e — *haku-*
} *me-penda.*	} *ja-penda.*

Passé narratif, particulier à l'affirm. *-ka-*

Sing. Et j'aimai *ou* et j'ai aimé, etc.

ni-ka-penda

u ka-penda

1re CL. *a-*
2e — *u-*
3e — *i-*
4e — *ki-*
5e — *li-*
6e — *u-*
7e — *pa-*
8e — *ku-*
} *ka-penda.*

---

maïs n'est pas encore levé. — J'obtiendrai de belles étoffes. — Arrivera-t-il à acheter des chèvres ? — La maison de mon frère est tombée. — Les murs se sont écroulés. — Ils n'aiment pas à entendre les enfants crier. — Trouverez-vous des marins ? — Les chèvres ne sont pas encore sorties. — Je ne sortirai pas. — Sortiront-ils ? — Nous n'avons pas encore vu votre maison. — Ils psasèrent dans notre champ. — J'ai oublié la farine. —

AFFIRMATIF	NÉGATIF
Plur. Et nous aimâmes, etc.	
tu-ka-penda.	
m-ka-penda.	

1re CL.	*wa-*	} *ka-penda.*	
2e —	*i-*		
3e —	*zi-*		
4e —	*vi-*		
5e —	*ya-*		
6e —	*zi-*		
7e —	*pa-*		
8e —	*ku-*		

Nota. — *Nika* est souvent contracté en *ha* ; *hampenda* pour *nikampenda*.

AFFIRMATIF	NÉGATIF
Futur *-ta-*	Futur *-ta-*
Sing. J'aimerai, tu aimeras, etc.	Sing. Je n'aimerai pas, etc.
ni-ta-penda.	*si-ta-penda.*
u-ta-penda.	*hu-ta-penda.*

AFFIRMATIF			NÉGATIF		
1re CL.	*a-*	} *ta-penda.*	1re CL.	*a-*	} *ta-penda*
2e —	*u-*		2e —	*hau-*	
3e —	*i-*		3e —	*hai-*	
4e —	*ki-*		4e —	*haki-*	
5e —	*li-*		5e —	*hali-*	
6e —	*u-*		6e —	*hau-*	
7e —	*pa-*		7e —	*hapa-*	
8e —	*ku-*		8e —	*haku-*	

Ils n'aiment pas à sortir. — Le puits s'est écroulé. — Ils cherchent des manches de hache. — Ouvrez les fenêtres. — Délierez-vous vos esclaves ?

AFFIRMATIF	NÉGATIF
Plur. Nous aimerons, etc.	Plur. Nous n'aimerons pas encore, etc.
tu-ta-penda.	*hatu-ta-penda.*
m-ta-penda.	*ham-ta penda.*
1re Cl. *wa-* } *ta-penda.*	1re Cl. *hawa-* } *ta-penda.*
2e — *i-*	2e — *hau-*
3e — *zi-*	3e — *hazi-*
4e — *vi-*	4e — *havi-*
5e — *ya-*	5e — *haya-*
6e — *zi-*	6e — *hazi-*
7e — *pa-*	7e — *hapa-*
8e — *ku-*	8e — *haku-*

Nota. — A la première personne, *ni* est parfois fois omis : *tapenda* pour *nitapenda.*

AFFIRMATIF	NÉGATIF
Conditionnel	
Présent *-nge-*	Présent *-nge-*
Sing. J'aimerais, tu aimerais etc.	Sing. Je n'aimerais pas, etc.
ni-nge-penda.	*si-nge-penda.*
u-nge-penda.	*hu-nge-penda.*
1re Cl. *a-* } *nge-penda.*	1re Cl. *ha-* } *nge-penda.*
2e — *u-*	2e — *hau-*
3e — *i-*	3e — *hai-*
4e — *ki-*	4e — *haki-*
5e — *li-*	5e — *hali-*
6e — *u-*	6e — *hau-*
7e — *pa-*	7e — *hapa-*
8e — *ku-*	8e — *haku-*

Exercice 26.

Buruga ku-, mélanger, brasser, brouiller. — *chambua ku-*, éplucher, nettoyer. — *chota ku-*, prendre peu à peu

AFFIRMATIF

Plur. Nous aimerions, etc.

tu-nge-penda.
m-nge-penda.

1re	CL.	*wa-*	
2e	—	*i-*	
3e	—	*zi-*	
4e	—	*vi-*	
5e	—	*ya-*	*nge-penda.*
6e	—	*zi-*	
7e	—	*pa-*	
8e	—	*ku-*	

Passé **-ngali-**

Sing. J'aurais aimé, etc.

ni-ngali-penda.
u-ngali-penda.

1re	CL.	*a-*	
2e	—	*u-*	
3e	—	*i-*	
4e	—	*ki-*	
5e	—	*li-*	*ngali-penda.*
6e	—	*u-*	
7e	—	*pa-*	
8e	—	*ku-*	

NÉGATIF

Plur. Nous n'aimerions pas, etc.

hatu-nge-penda.
ham-nge-penda.

1re	CL.	*hawa-*	
2e	—	*hai-*	
3e	—	*hazi-*	
4e	—	*havi-*	
5e	—	*haya-*	*nge-penda.*
6e	—	*hazi-*	
7e	—	*hápa-*	
8e	—	*haku-*	

Passé **-ngali-**

Sing. Je n'aurais pas aimé ètc.

si-ngali-pend .
hu-ngali-penda.

1re	CL.	*ha-*	
2e	—	*hau-*	
3e	—	*hai-*	
4e	—	*haki-*	
5e	—	*hali-*	*ngali-penda*
6e	—	*hau-*	
7e	—	*hapa-*	
8e	—	*haku-*	

(comme puiser de l'eau avec un petit vase). — *jua ku-*, connaître, savoir. — *fumua ku-*, défaire, désunir, démolir. — *kaza ku-*, fixer, serrer. — *onja ku-*, goûter, éprouver. — *papasa ku-*, toucher doucement, carresser. tâtonner. — *telemka ku-*, glisser de haut en bas sur une pente. — *unda ku-*, construire des bateaux.

VERSION. — Hakuonja siki hii. — Umechota maji ? — Onje maji mazuri haya. — Alipapasa, akaanguka. — Usipapasa — Ungalikaza kamba hii. — U-

AFFIRMATIF			NÉGATIF		
Plur. Nous aurions aimé, etc.			Plur. Nous n'aurions pas aimé, etc.		
	tu-ngali-penda.			*hatu-ngali-penda.*	
	m-ngali-penda.			*ham-ngali-penda.*	
1re CL.	*wa-*	*ngali-penda.*	1re CL.	*hawa-*	*ngali-penda*
2e —	*i-*		2e —	*hai-*	
3e —	*zi-*		3e —	*hazi-*	
4e —	*vi-*		4e —	*havi-*	
5e —	*ya-*		5e —	*haya-*	
6e —	*zi-*		6e —	*hazi-*	
7e —	*pa-*		7e —	*hapa-*	
8e —	*ku-*		8e —	*haku-*	

kiondoka fumue moto. — Wangalifumua vibanda hivi, tungalijenga papahapa. — Hawakufumua nyumba hizi ? Hawatafumua. — Alitelemka, akaanguka. — Mti wako utatelemka. — Nguzo ikatelemka. — Usiburuge maji ya kisima tupate maji mazuri. — Nyama aliburuga, sikuburuga. — Mtu huyu ajua kuunda mashua ? — Ndugu yangu ameunda mashua mbili ; rafiki yako ataunda moja. — Watu wa huku hawajui kuunda merkebu. — Hajachambua viazi vyake. — Angalichambua, tungaliondoka. — Hawakupata kununua unga ya mtama. — Sipendi unga ya mtama. Sitarudi kwako. — Angalirudi angaliona vitu vizuri. — Peleke nyumbani nguo hizi.— Mtoto huyu hatapata kujua kiswahili. — Ukifuata njia hii utafika mgini. — Vitunguu hivi visipokauka vitaoza. — Hawangaliingia nyumbani wangalipata mvua. — Msipofuata njia hii utapata uzia. — Mtumbwi wangu wapita wako.

Exercice 27.

Angalia ku-, regarder avec soin, faire attention, prendre garde, avoir soin. — *fumbua ku-*, ouvrir (les yeux, la bouche, etc.) — *kohoa ku-*, tousser. — *koma ku-*, cesser, finir. — *kuna ku-*, égratigner. — *mimina ku-*, verser. — *ngara ku-* ou *ngaa ku-*, briller, luire, être clair. — *regea, ku-*

AFFIRAMTIF	NÉGATIF
Autre conditionnel, *-ki-*	Négatif du temps *ki*, *-sipo-*
Sing. Moi aimant (si j'aime) etc.	Sing. Moi n'aimant pas, etc.
ni-ki-penda.	*ni- sipo-penda.*
u-ki-penda.	*u-sipo-penda.*
1re Cl. *a-* ⎫	1re Cl. *a-* ⎫
2e — *u-*	2e — *u-*
3e — *i-*	3e — *i-*
4e — *ki-* ⎬ *ki-penda.*	4e — *ki-* ⎬ *sipo-penda.*
5e — *li-*	5e — *li*
6e — *u-*	6e — *u-*
7e — *pa-*	7e — *pa*
8e — *ku* ⎭	8e — *ku-*
Plur. Nous aimant (si nous aimons) etc.	Plur. Nous n'aimant pas, etc.
tu-ki-penda.	*tu-sipo-penda.*
m-ki-penda.	*m sipo-penda.*
1re Cl. *wa-* ⎫	1re Cl. *wa-*
2e — *i-*	2e — *i-* ⎫
3e — *zi-*	3e — *zi-*
4e — *vi-* ⎬ *ki-penda.*	4e — *vi-*
5e — *ya-*	5e — *ya* ⎬ *sipo-penda.*
6e — *zi-*	6e — *zi-* ⎭
7e — *pa*	7 — *pa-*
8e — *ku-* ⎭	8e — *ku-*

ou *legea ku-*, être délié, desserré, lâche.— *teketea ku-*, être consumé par le feu, tout à fait brûlé.— *winda ku-*, chasser — *fanya kazi ku-*, travailler.

THÈME. — Ces huttes-là ont été tout à fait brûlées. — Elles ne seront pas brûlées. — Verse cette eau dans cette jarre. — Que nous n'ayons pas encore versé. — Chasserez-vous en chemin ? — Ne chassez pas les lions. — J'aurais chassé les gazelles. — Si vous ne chassez

AFFIRMATIF	NÉGATIF
Autre conditionnel particulier à l'affirm. *-japo-*	
Sing. Dans le cas où j'aimerais, etc.	
ni-japo-penda.	
u-japo-penda.	
1re Cl. *a-* / 2e — *u-* / 3e — *i-* / 4e — *ki-* / 5e — *li-* / 6e — *u-* / 7e — *pa-* / 8e — *ku-* } *japo-penda.*	
Plur. Dans le cas où nous aimerions.	
tu-japo-penda.	
m-japo-penda.	
1re Cl. *wa-* / 2e — *i-* / 3e — *zi-* / 4e — *vi-* / 5e — *ya-* / 6e — *zi-* / 7e — *pa-* / 8e — *ku-* } *japo-penda.*	

pas, passez à ma maison. — S'il avait aimé à chasser, nous aurions chassé dans mes champs. — Le léopard a égratigné notre chien ; s'il l'avait pu, il aurait mangé notre chèvre. — Si vous pouvez, ne toussez pas. — Ayez soin que cet enfant ne tousse pas. — S'il tousse, il mourra. — Vous n'avez pas serré les cordes ; elles se sont relâchées. — Ouvrez les yeux. — Vous n'avez pas encore ouvert votre livre ? — S'il ouvrait la bouche. — Ils n'avaient pas

IMPÉRATIF

Sing. *penda* ou *pende*, aime.	Sing. *si penda* ou *si pende*, n'aime pas.
Plur. *pendani* ou *pendeni*, aimez.	Plur. *si pendani* ou *si pendeni*, n'aimez pas.

AFFIRMATIF — NÉGATIF

SUBJONCTIF

AFFIRMATIF		NÉGATIF	
a final changé en *e*.		*si* intercalé dans l'affirmatif.	
Sing. Que j'aime, etc.		Sing. Que je n'aime pas,	
ni-pende.		*ni-si-pende.*	
u-pende.		*u-si-pende.*	
1re CL. *a-*	*pende.*	1re CL. *a-*	*si-pende.*
2e — *u-*		2e — *u-*	
3e — *i-*		3e — *i-*	
4e — *ki-*		4e — *ki-*	
5e — *li-*		5e — *li-*	
6e — *u-*		6e — *u-*	
7e — *pa-*		7e — *pa-*	
8e — *ku-*		8e — *ku-*	

---

cessé de travailler. — Ils ne cesseront pas de crier. — L'âne ne cesse pas de crier. — Cette étoile brille. — Celle-là ne brille pas. — Si les étoiles ne luisent pas. — Si les étoiles luisent, tu verras le chemin. — Si le feu avait lui, nous serions arrivés ici. — Si le feu éclairait, nous verrions — Faites attention de ne pas tomber (que vous ne tombiez pas). — Ayez soin que les enfants n'arrivent pas à la rivière. — Si vous faites attention, vous passerez sain et sauf. — S'il avait fait attention, il aurait passé.

Exercice 28.

Chagua ku-, choisir. — *fua ku-*, battre, travailler le métal, laver les étoffes. — *fukuza ku-*, chasser, faire sauver. — *fundisha ku*, — instruire, enseigner. — *leta ku-*, apporter, porter. — *maliza ku-*, terminer, achever.

AFFIRMATIF	NÉGATIF
Plur. Que nous aimions, etc.	Plur. que nous n'aimions pas, etc.
tu-pende.	*tu-si-pende.*
m-pende.	*m-si-pende.*

	AFFIRMATIF		NÉGATIF	
1re CL.	*wa-*	*pende.* (1re à 7e cl.)	*wa-*	*si-pende.* (1re à 6e cl.)
2e —	*i-*		*i-*	
3e —	*zi-*		*zi-*	
4e —	*vi-*		*vi-*	
5e —	*ya-*		*ya-*	
6e —	*zi-*		*zi-*	
7e —	*pa-*		*pa-*	
8e —	*ku-*		*ku-*	

Autre subjonctif, particulier ou négatif, *-sije-*.

Sing. Que je n'aie pas encore aimé, etc.

ni-sije-penda.

u-sije-penda.

1re CL.	*a-*	
2e —	*u-*	*sije-penda.* (2e à 7e cl.)
3e —	*i-*	
4e —	*ki-*	
5e —	*li-*	
6e —	*u-*	
7e —	*pa-*	
8e —	*ku.*	

— *okota ku-*, glaner, ramasser. — *ondoa ku-*, enlever, ôter. — *pima ku-*, mesurer, peser. — *vunja ku-*, briser.

VERSION. — Chukue nguo zako, nimezifua. — Sikuzifua. — Nitazifua. — Mmeleta mikuki yenu? — Hatujaileta. — Tungaliileta. — Hatutaileta. — Nitakufukuza. — Alitufukuza. — Hawakutufukuza. — Akitufukuza. — Msipotufukuza. — Mmevunja chupa langu? — Hakulivunja. — Hatutalivunja. — Tukilivunja. — Ukili-

AFFIRMATIF	NÉGATIF
	Plur. Que nous n'ayons pas encore aimé, etc. *tu-sije-penda.* *m-sije-penda.*
	1re CL. *wa-* } *sije-penda.*
	2e — *i-*
	3e — *zi-*
	4e — *vy-*
	5e — *ya-*
	6e — *zi-*
	7e — *pa-*
	8e — *ku-*

INFINITIF

ku-penda, aimer.	*kutoa kupenda* ou *kutopenda,* ne pas aimer.

II. — VERBE AVEC PRONOM RÉGIME INTERCALÉ.

Lorsque le verbe français a un pronom personnel comme régime, par exemple : je vous aime, je te frappe, il nous chasse, ces pronoms *vous te, nous,* etc. se rendent, en kiswahili, par les pronoms personnels régimes, que nous avons donnés plus haut au chapitre des pronoms ; et ils s'intercalent dans le verbe, immédiatement devant le radical, après la particule qui indique le temps.

vunja, nitakupiga. — Lete upanga wako nipate kuuona. — Watoto hawajaokota shanga zangu ? — Waziokote. Wasipoziokota. — Wataziokota. — Wangaliziokota. — Hawataziokota. — Zileteni nizione. — Leteni watoto wenu niwafundishe nitawafundisha, ningaliwafundisha wangalijua kiswahili. — Mmepima nguo zangu ? — Sikuzipima. — Sizipimi. — Sitazipima huyu atazipima. —

Tous les temps, affirmatifs et négatifs, même l'infinitif, peuvent prendre ce pronom personnel régime. — Nous donnerons quelques temps seulement, comme par exemple.

AFFIRMATIF	NÉGATIF
PRÉSENT INDICATIF *na*.	PRÉSENT INDICATIF
Nina-ku-penda je t'aime.	*Si-ku-pendi*, je ne t'aime pas
nina-m-penda, je l'aime.	*si-m-pendi*, je ne l'aime pas
nina-wa-penda, je vous aime.	*si-wa-pendi*, je ne vous aime pas.
nina-wa-penda, je les aime.	*zi-wa-pendi*, je ne les aime pas.
una-ni-penda, tu m'aimes.	*Hu-ni-pendi*, tu ne m'aimes pas.
una-m-penda, tu l'aimes.	*hu-m-pendi*, tu ne l'aimes pas.
una-tu-penda, tu nous aimes.	*hu-tu-pendi*, tu ne nous aimes pas.
una-wa-penda, tu les aimes	*hu-wa-pendi*, tu ne les aimes pas.
una-u-penda, tu l'aimes (*mti*).	*Hu-u-pendi*, tu ne l'aimes pas (*mti*).
una-i-penda, tu les aimes (*miti*).	*hu-i-pendi*, tu ne les aimes pas (*mti*).
una-i-penda, tu l'aimes (*ngoma*).	*hu-i-pendi*, — — (*ngoma*), — —
una-zi-penda, tu les aimes (*ngoma*).	*hu-zi-pendi*, — — (*ngoma*).

Watumwa hawajamaliza kazi yao ? — Hawajaimaliza. — Wataimaliza. — Wasipoimaliza, hawangaliimaliza. — Ninachagua kisu changu. — Nakipenda kile. — Ukipeleke kwangu usikivunje. — Utaondoa majani ya shamba langu. — Nitayaondoa. — Sijayaondoa. — Nisipoyaondoa. — Ningeyaondoa.

AFFIRMATIF	NÉGATIF
una-ki-penda, tu l'aimes (*kisu*).	*hu-ki-pendi*, tu ne l'aimes pas (*kisu*).
una-vi-penda tu les aimes (*visu*).	*hu-vi-pendi*, tu ne les aimes pas (*visu*).
una-li-penda, tu l'aimes (*tawi*).	*hu-li-pendi*, tu ne l'aimes pas (*tawi*).
una-ya-penda, tu les aimes (*matawi*).	*hu-ya-pendi*, tu ne les aimes pas (*matawi*).
una-u-penda, — — (*wembe*).	*hu-u-pendi*, — — (*wembe*).
una-zi-penda, — — (*nyembe*).	*hu-zi-pendi*, — — (*nyembe*).
una-pa-penda, — — (*mahali*).	*hu-pa-pendi*, — — (*mahali*).
una-ku-penda, — — (*kufa*).	*hu-ku-pendi*, — — (*kufa*).
Ana-ni-penda, il m'aime.	*Ha-ni-pendi*, il ne l'aime pas.
ana-ku-penda, il t'aime.	*ha-ku-pendi*, il ne t'aime pas
ana-m-penda, il l'aime.	*ha-m-pendi*, il ne l'aime pas
ana-tu-penda, il nous aime.	*ha-tu-pendi*, il ne nous aime pas.
ana-wa-penda, il vous aime.	*ha-wa-pendi*, il ne vous aime pas.
ana-wa-penda, il les aime.	*ha-wa-pendi*, il ne les aime pas.

Exercice 29.

Inua ku-, élever, lever. — *kunja ku-*, plier, enrouler. — *lipa ku-*, payer. — *pindua ku-*, tourner, retourner, renverser. — *sayidia ku-*, aider. — *shika ku-*, prendre, saisir, tenir. — *tupa ku-*, jeter, rejeter. — *twaa ku-*, prendre, emporter. — *weka ku-*, placer, mettre en réserve. — *zima ku*, éteindre.

AFFIRMATIF	NÉGATIF
Ana-u-penda, il l'aime (*mti*)	*Ha-i-pendi*, il ne les aime pas (*miti*).
ana-i-penda, il les aime (*mti*).	*ha-ki-pendi*, il ne l'aime pas (*kisu*).
ana-i-penda, il l'aime (*ngoma*). etc., etc.	*ha-vi-pendi* il ne les aimes pas (*visu*). etc., etc.
PASSÉ DÉFINI *-li-*.	PASSÉ *-ku-*.
Nili-ku-penda, je t'aimai.	*Siku-ku-penda*, je ne t'aimai pas.
nili-m-penda, je l'aimai.	*siku-ku-penda*, je ne l'aime pas.
nili-wa-penda, je vous aimai.	*siku-wa-penda*, je ne vous aimai pas.
nili-wa-penda, je les aimai.	*siku-wa-penda*, je les aimai pas.
Nili-u-penda- je l'aimai. (*mti*).	*Siku-u-penda*, je ne l'aimai pas (*mti*).
nili-i-penda, je les aimai. (*miti*)	*siku-i-penda*, je ne les aimai pas (*miti*).
nili-zi-penda, je les aimai. (*ngoma*).	*siku-zi-penda*, je ne les aimai pas (*ngoma*).
nili-vi-penda je les aimai (*visu*), etc., etc.	*siku vi-penda* je ne les aimai pas (*visu*). etc., etc.

THÈME. — Apporte ces patates-là, que je les achète. — Avez-vous éteint le feu ? —Je l'éteindrai. — Si tu ne l'as pas éteint, éteins-le. — Qu'il ne l'éteigne pas. — Il a jeté mon couteau. — Il ne l'a pas jeté. — S'il l'avait jeté, je l'aurais frappé. — Il ne le jettera pas. — Qu'il ne le jette pas. — Qu'il mette la viande en réserve. — Il l'a mise. — Nous la mettrions si nous pouvions. — Cet homme ne paye pas ses dettes ; nous, nous les payons. — Les payerez-vous ? — Ils ne les payeront pas. —

AFFIRMATIF	NÉGATIF
	SUBJONCTIF
Ni-m-pende, que je l'aime.	*Nisi-m-pende*, que je ne l'aime pas.
a-ni-pende, qu'il m'aime.	*asi-ni-pende*, qu'il ne m'aime pas.
tu-m-pende, que nous l'aimions.	*tusi m-pende* que nous ne l'aimions pas.
m-ni-pende, que vous m'aimiez.	*msi m-pende*, que vous ne l'aimiez pas.
wa-ku-pende, qu'ils t'aiment.	*wasi-ku-pende*, qu'ils ne t'aiment pas.
wa-m-pende, qu'ils l'aiment. etc., etc.	*wasi-m-pende*, qu'ils ne l'aiment pas etc., etc.

III. — Verbe avec pronom relatif.

Il y a plusieurs manières de joindre le relatif au verbe : 1° Ajouter le relatif au radical du verbe, sans aucun signe de temps. 2° Intercaler le relatif dans le verbe conjugué, comme plus haut, avec les particules de temps. En outre, dans l'un et dans l'autre cas, le relatif peut être sujet ou régime.

I. — Relatif joint au verbe, sans aucun signe de temps.

1. Relatif sujet. — Cette forme, qui est la plus simple, consiste à mettre les pronoms per-

---

Vous n'avez pas encore tourné cette caisse ? tournez-la — Vos compagnons ne la tourneront pas. — S'il ne la tourne pas, je le chasserai . — Avez-vous pris vos bananes ? Si vous ne les avez pas prises, prenez-les, et

sonnels sujets seuls devant le radical du verbe, sans aucun signe de temps ; le relatif se place après le verbe. Cette forme s'emploie également pour le passé, le présent et le futur.

Pour faire le négatif, on intercale *si* (négation) après le pronom personnel sujet, qui est le même qu'à l'affirmatif ; et le relatif, au lieu d'être placé après le radical du verbe, est intercalé devant le radical immédiatement après la négation *si*.

AFFIRMATIF	NÉGATIF
Ni-penda-ye, moi qui aime.	*Ni-si-ye-pendu*, moi qui n'aime pas.
u-penda-ye, toi qui aimes.	*u-si-ye-penda*, toi qui n'aimes pas.
a-penda-ye, lui qui aime.	*a-si-ye-penda*, lui qui n'aime pas.
tu-penda-o, nous qui aimons.	*tu-si-o-penda*, nous qui n'aimons pas.
m-penda-o, vous qui aimez.	*m-si-o-penda*, vous qui n'aimez pas.
wa-penda-o, eux qui aiment	*wa-si-o-penda*, eux qui n'aiment pas.
2e CL. *mti* — *w-anguka-o*, qui tombe.	2e CL. *u-si-o-anguka*, qui ne tombent pas.
miti — *y-anguka-yo*, qui tombent.	*i-si-yo-anguka*; qui ne tombent pas.

---

portez-les chez vous. — Tenez ma lance ; la tenez-vous ? Je ne la tiens pas encore, je la tiendrai. — Ayez soin qu'ils nous aident. — Nous les aiderons. — Vous ne pouvez pas les aider, et nous vous avons aidés. — Si tu ne les avais pas aidés. — Vous élevâtes les yeux. — Si vous ne les aviez pas élevés. — Ne les élevez pas. — Qu'il ne les élève pas.

	AFFIRMATIF		NÉGATIF
3e CL.	*ngoma — y-a-ngukayo*, qui tombe.	3e CL.	*isi-yo-anguka*, qui ne tombe pas.
	ngoma — z-angukazo, qui tombent.		*zi-si-zo-anguka*, qui ne tombent pas.
4e CL.	*kisu — ki-kata-cho*, qui coupe.	4e CL.	*ki-si-cho-kata*, qui ne coupe pas.
	visu — vi-kata-vyo, qui coupent.		*vi-si-vyo-kata*, qui ne coupent pas.
5e CL.	*tawi — l-anguka-lo*, qui tombe.	5e CL.	*li-si-lo-anguka*, qui ne tombe pas.
	matawi — y-angukayo, qui tombent.		*ya-si-yo-anguka*, qui ne tombent pas.
6e CL.	*wembe — u-kata-o*, qui coupe.	6e CL.	*u-si-o-kata*, qui ne coupe pas.
	nyembe — zi-kata-zo, qui coupent.		*zi-si-zo-kata*, qui ne coupent pas.
7e CL.	*mahali — pa-fagiwa-po*, qui est balayée	7e CL.	*pa-si-po-fagiwa*, qui n'est pas balayée.
8e CL.	*kufa — ku-ja-ko*, qui vient.	8e CL.	*ku-si-ko-kuja*, qui ne vient pas.
9e CL.	*ni-lala-mo*, où je dors.	9e CL.	*ni-si-mo-lala*, où je ne dors pas.
	ni-kaa-po, où je demeure.		*ni-si-po-kaa*, où je ne demeure pas.
	n-enda-ko, où je vais.		*ni-si-ko-kwenda*, où je ne vais pas.

Exercice 30.

Funika ku, couvrir. — *kamata ku-*, saisir, prendre. — *kataa ku-*, refuser. — *sema ku-*, dire, parler. - *simama ku-*, se tenir debout, s'arrêter, dominer. — *sokota ku-*, tresser, filer, tordre. — *teka ku-*, piller, puiser de l'eau. — *tembea ku-*, se promener. — *ugua ku-*, être malade. — *zaa ku-*, engendrer, donner naissance, produire.

2. Relatif régime. — Lorsque le pronom relatif est régime, il ne change pas de forme, mais on exprime le pronom personnel régime correspondant, qui s'intercale immédiatement devant le radical du verbe, après le pronom personnel sujet, à l'affirmatif, et après le relatif, au négatif.

AFFIRMATIF	NÉGATIF
Ni-m-penda-ye, lui que j'aime.	*ni-si-ye-m-penda,* lui que je n'aime pas.
ni-ku-penda-ye, toi que j'aime.	*ni-si-ye-ku-penda,* toi que je n'aime pas.
ni-wa-penda-o, eux que j'aime.	*ni-si-o-wa-penda,* eux que je n'aime pas.
u-ni-penda-ye, moi que tu aimes.	*u-si-o-tu-penda,* nous que tu n'aimes pas.
u-m-penda-ye, lui que tu aimes.	*u-si-o-wa-penda,* eux que tu n'aimes pas.
u-tu-penda-o, nous que tu aimes.	*a-si-o-tu-penda,* nous qu'il n'aime pas.
a-wa-penda-o, eux qu'il aime.	*a-si-o-wa-penda,* vous qu'il n'aime pas.
a-tu-penda-o, nous qu'il aime.	*a-si-o-wa-penda,* eux qu'il n'aime pas.

Version. — Mtu asimamaye kule. — Mtumwa afuaye nguo zangu. — Nahoza asiyeweza kusokota kamba. — Watoto watekao maji watarudi. — Kamate chupa lile liangukalo. — Ngombe mke azaaye watoto wazuri. — Mtwana asiyeugua. — Nguo zisizokauka. — Mtu yule atembeaye njiani. — Kikombe kijaacho. — Ondoe ungo ufunikao nyama. — Shoka lisiloweza kukata mti. — Mwana akataaye kusikia mashauri ya babaye. — Mgi atokako. — Sipendi watu wasemao uwongo. — Fukuze watu watembeao shambani petu. — Apiga wa-

Nota. — Dans ces mots *nimpendaye, umpendaye,* etc. et *nisiyempenda, nisiyekupenda*, etc., il y a une ambiguïté qu'il est impossible d'éviter. Le relatif peut se rapporter aussi bien au régime qu'au sujet : *Nimpendaye* peut signifier : moi qui l'aime, aussi bien que : lui que j'aime. *Nisiyempenda*, peut se traduire également ; moi qui ne l'aime pas, ou lui que je n'aime pas. *Unipendaye* : toi qui m'aimes, ou moi que tu aimes.

Cette ambiguïté existe toutes les fois que le sujet et le régime du verbe appartiennent à la même classe, et sont du même nombre.

	AFFIRMATIF		NÉGATIF
		II	
mti,	*ni-u-penda-o,*	que j'aime,	*nisi-o-u-penda.*
miti,	*ni-i-penda-yo,*	que j'aime.	*nisi-yo-i-penda.*
		III	
ngoma	*ni-i-penda-yo,*	que j'aime,	*nisi-yo-i-penda.*
ngoma,	*ni-zi-penda-zo,*	que j'aime,	*nisi-zo-zi-penda.*
		IV	
kisu,	*ni-ki-penda-cho,*	que j'aime,	*nisi-cho-ki-penda.*
visu,	*nivi-penda-vyo,*	que j'aime,	*nisi-vyo-vi-penda.*

---

tumwa wasiofanya kazi yao. — Mtu mwema asayidiaye wenzake. — Mpagazi achukuaye kasha langu. — Mganga asiyefanya kazi yake. — Fisi akamataye mbuzi zetu. — Tutembeako. — Asiende nisipokwenda. — Msikaeni nikaapo. — Mbegu zisizoota. — Kitwa kiuguacho. — Watumwa wasioteka maji. — Mpishi apikaye nyama yetu. — Nitapiga nyama wapitao huku. — Mtaokota vitu viangukavyo. — Mkamateni mtu yule asimamaye njiani.

V

tawi,	*ni-li-penda-lo*,	que j'aime, *nisi-lo-li-penda*.
matawi,	*ni-ya-penda-yo*,	que j'aime, *nisi-yo-ya-penda*.

VI

wembe,	*ni-u-penda-o*,	que j'aime, *nisi-o-u-penda*.
nyembe,	*ni-zi-penda-zo*,	que j'aime, *nisi-zo-zi-penda*.

VII

mahali,	*ni-pa-penda-po*,	que j'aime, *nisi-po-pa-penda*.

VIII

kufa,	*ni-ku-penda-ko*,	que j'aime, *nisi-ko-ku-penda*.
kisu,	*u-ki-penda-cho*,	que tu aimes, *usi-cho-ki-penda*.
ngoma,	*u-zi-penda-zo*,	que tu aimes, *usi-zo-zi-penda*.
visu,	*a-vi-penda-yo*,	qu'il aime, *asi-vyo-vi-penda*.
tawi,	*a-li-penda-lo*,	qu'il aime, *a-si-lo-li-penda*.
matawi,	*tu-ya-penda-yo*,	que nous aimons, *tusi-yo-ya-penda*.

II. — Relatif joint au temps du verbe

1. Relatif sujet. — Le relatif ne s'emploie guère qu'avec trois temps, le présent actuel *-na-*, le passé défini *-li-*, et le futur *-ta-* ; et encore pour ce dernier temps la particule *-ta-* devient *-taka-*. Il s'intercale immédiatement après la particule du temps, et avant le pronom personnel régime, s'il y en a un.

Le relatif ne s'emploie jamais joint aux temps du verbe, au négatif.

Exercice 31.

Ambia ku-, dire à, — *andika ku-*, écrire, mettre en ordre, tresser. — *jaribu ku-*, tenter, essayer. — *kaa ku-*, s'asseoir, demeurer, rester. — *paka ku-*, frotter, joindre. — *sikiliza ku-*, écouter. — *tandika ku-*, étendre,

	Singulier	Pluriel
	Nina-ye-penda, moi qui aime,	*tuna-o-penda*.
	una-ye-penda, toi qui aimes,	*mna-o-penda*..
	ana-ye-penda, lui qui aime,	*wana-o-penda*.
	Nili-ye-penda, moi qui aimai,	*tuli-o-penda*.
	uli-ye-penda, toi qui aimas,	*mli-o-penda*.
	ali-ye-penda, lui qui aima,	*wali-o-penda*.
	Nitaka-ye-penda, moi qui aimerai,	*tutaka-o-penda*.
	utaka-ye-penda, toi qui aimeras,	*mtaka-o-penda*.
	ataka-ye-penda, lui qui aimera,	*wataka-o-penda*.
	II.	
mti,	*una-o-zaa*, qui produit,	*ina-yo-zaa*.
—	*uli-o-zaa*, qui produisit,	*ili-yo-zaa*.
—	*utaka-o-zaa*, qui produira,	*itaka-yo-zaa*.
	III.	
ngoma,	*ina-yo-pigwa*, qui est frappé,	*zina-zo-piwga*.
—	*ii-yo-piwa*, qui fut frappé,	*zili-zo-pigwa*.
—	*itaka-yo-pigwa*, q. sera frappé	*zitaka-zo-pigwa*.
	IV	
kisu,	*kina-cho-anguka*, qui tombe	*vina-vyo-anguka*.
—	*kili-cho-anguka*, qui tomba,	*vili-vyo-anguka*.
—	*kitaka-cho-anguka*, q. tombera,	*vitaka-vyo-anguka*
	V.	
tawi,	*lina-lo-anguka*, qui tombe,	*yana-yo-anguka*.
—	*lili-lo-anguka*, qui tomba,	*yali-yo-anguka*.
—	*litaka-lo-anguka*, q. tombera	*yataka-yo-anguka*
	VI.	
wembe,	*una-o-kata*, qui coupe,	*zina-zo-kata*.
—	*uli-o-kata*, qui coupa,	*zili-zo-kata*.
—	*utaka-o-kata*, qui coupera,	*zitaka-zo-kata*.

---

arranger. — *tunga ku-*, enfiler des perles, mettre ensemble, en ordre, faire des vers.— *uliza ku-*, demander. — *zuia ku-*, réprimer, empêcher, fermer (un passage.)

SINGULIER

VII.

mahali,	*pana-po-fagiwa,*	la place	qui est balayée.
—	*pali-po-fagiwa,*	—	qui fut balayée.
—	*pataka-po-fagiwa,*	—	qui sera balayée.

VIII.

kufa,	*kuna-ko-kuja,*	la mort	qui vient.
—	*kuli-ko-kuja,*	—	qui vint.
—	*kutaka-ko-kuja,*	—	qui viendra.

IX.

kitandani,	*nina-mo-lala,*	le lit	où je dors.
—	*nili-mo-lala,*	—	où je dormis.
—	*nitaka-mo-lala,*	—	où je dormirai.
nyumbani,	*nina-po-kaa,*	la maison	où je demeure.
—	*nili-po-kaa,*	—	où je demeurai,
—	*nitaka-po-kaa,*	—	où je demeurerai
nyumbani,	*nina-ko-kwenda,*	—	où je vais.
—	*nili-ko-kwenda,*	—	où j'allai.
—	*nitaka-ko-kwenda,*	—	où j'irai.

2. RELATIF RÉGIME. — Lorsque le relatif est régime, il faut intercaler dans le verbe le pronom personnel régime correspondant, immédiatement après le relatif, et avant le radical du verbe.

THÈME. — Les perles que vous enfilez. — Vous prendrez les lettres que j'ai écrites. — Le fusil que vous frottez. — Le couteau que vous demandez. — Le sorgho que vous écrasez. — N'achetez pas des fusils que vous n'avez pas essayés. — Dites-moi les choses que vous voyez. — Il nous donna la bouteille que nous ne demandions pas. — Les étoffes que vous étendez. — Les étoffes que vous lavez. — Nous suivrons le chemin qu'ils n'ont point fermé. — Nous avons trouvé les sabres que vous cherchez. — Ils n'ont pas encore frotté les couteaux que

mti, *una-o-u-leta*, l'arbre que tu apportes, *una-yo-i-leta*. (plur.)

— *ali-o-u-leta*, l'arbre qu'il apporta, *ali-yo-i-leta*.

— *tutaka-o-u-leta*, l'arbre que nous apporterons, *tutaka-yo-i-leta*.

kisu, *nina-cho-ki-tupa*, le couteau que je jette, *tunavyo-vi-tupa*.

— *uli-cho-ki-tupa*, le couteau que tu jetas, *mli-vyo-vi-tupa*.

— *ataka-cho-ki-tupa*, le couteau qu'il jettera, *wataka-vyo-vi-tupa*,

tawi, *nina-lo-li-vunja*, la branche que je brise, *tuna-yo-ya-vunja*.

— *uli-lo-li-vunja*, la branche que tu brisas, *mli-yo-ya-vunja*,

— *ataka-lo-li-vunja*, la branche qu'il brisera, *wataka-yo-ya-vunja*.

wembe, *nina-o-u-vunja*- le rasoir que je brise, *tuna-zo-zi-vunja*.

— *uli-o-y-vunja*, le rasoir que tu briseras, *mli-zo-zi-vunja*,

— *ataka-o-u-vunja*, le rasoir qu'il brisera, *wataka-zo-zi-vunja*.

etc., etc.

---

vous avez achetés. - Vous achèterez les arbres qu'ils coupent. Ils prennent des bananes qu'ils n'achètent point. — Emportez le rasoir que vous demandez. — Je n'ai point vu le gobelet qu'ils demandent. — Vous examinerez la table qu'il dresse. — Ramassez les morceaux qui tombent. — Les oiseaux que vous avez chassés ont passé chez nous. — Venez voir où je demeure. — Vous cuirez cette viande-ci que je coupe ; celle-là que je ne coupe pas, vous la mettrez de côté.

Nota. — Si le verbe a déjà un pronom personnel comme régime, le pronom personnel correspondant au relatif doit être omis.

Nyaraka, nili-zo-kupelekea, les lettres que je vous ai envoyées.

Kisu, nili-cho-wapa, le couteau que je leur donnai.

Visu, utaka-vyo-tupa, les couteaux que tu nous donneras

§ 2. Verbes irréguliers.

Les verbes monosyllabiques et la plupart des dissyllabiques, commençant par une voyelle, sont plus ou moins irréguliers dans leur conjugaison.

I. Verbes monosyllabiques.

Ces verbes conservent le *ku* de l'infinitif à un certain nombre de temps, tandis qu'aux autres ils suivent la règle générale. Les temps qui conservent le *ku*, sont les temps *na, me, ali, ta, japo, nge, ngali, sije, sipo* ; les autres, *a, ka, ki, nga, ku, ja, si,* se conjuguent sans le *ku*.

Exercice 32.

Jongea ku-, approcher (neut.). — *ongeza ku-*, augmenter. — *gomba ku-*, quereller. — *pevuka ku-*, être, mûr, avoir atteint son complet développement. — *poa ku-*, refroidir (neutre). — *puzia ku-*, souffler avec la bouche. — *toa ku-*, donner. abandonner, exclure, emporter. — *tweka ku-*, lever, élever, monter (act.). — *vuma ku-*, souffler (le vent), bourdonner (en volant). — *tosha ku-*, suffire.

CONJUGAISON DE *ku-ja*, VENIR

AFFIRMATIF	NÉGATIF
Présent *-a-*, sans le *-ku-*.	Présent, sans le *-ku-*.
Naja, je viens.	*Siji*, je ne viens pas.
waja, tu viens.	*huji*, tu ne viens pas.
aja, il vient.	*haji*, il ne vient pas.
twaja, nous venons.	*hatuji*, nous ne venons pas
etc., etc.	*hamji*, vous ne venez pas
	hawaji, ils ne viennent pas
Présent actuel *-na-*, conserve le *-ku-*.	
Ninakuja, je viens.	
unakuja, tu viens.	
anakuja, il vient.	
tunakuja, nous venons.	
etc,. etc.	

VERSION. — Mtu anayetoa mali yake. — Mwana aliyegomba wenzake. — Mti utakaoanguka. — Pepo zinazovuma. — Ndizi zisizopevuka. — Kazi inayotosha. — Mtoto anayepuzia moto. — Twekeni nguo zilizoanguka. — Mikate aliyoiongeza. — Mtu yule mkubwa aliyejongea. — Watakusanya ngombe waliokimbia. — Mgini ninapojenga. — Nyumbani nilipotoka. — Mtoni tulipofika. — Njiani tutakakopita. — Tukazuia maji yaliyoingia nyumbani mwangu. — Mtungi uliojaa. — Nyama uliyoipika imepoa. — Mmevunja kikombe mlichokinunua. — Leteni panga mlizozipaka. — Babangu aliyetugomba. — Nitanunua viti utakavyovifanya. — Akasilikiza mashauri niliyomwambia. — Watu wabaya walionipiga. — Mafuta yanayonuka. — Chukue nguo ulizozikunja. — Chupa walilolivunja. — Watu wakali waliokufukuza.

NOTA. — On évite généralement autant qu'on le peut, d'employer le relatif dans la conversation.

AFFIRMATIF	NÉGATIF
Passé défini *-li-* ou *-ali*, conserve le *-ku-*.	
Nalikuja, je vins.	
ulikuja, tu vins.	
alikuja, il vint, etc.	
Passé indéfini *-me-*, conserve le *-ku-*.	Passé *-ku-*, sans le *-ku-*.
Nimekuja, je suis venu.	*Sikuja*, je ne suis pas venu.
umekuja, tu es venu.	*hukuja*, tu n'es pas venu.
amekuja, il est venu.	*hakuja*, il n'est pas venu.
etc., etc.	*hatukuja*, nous ne sommes pas venus.
	hamkuja, vous n'êtes pas venus.
	hawakuja, il ne sont pas venus.
Passé narratif *-ka-*, sans le *-ku-*.	Passé en *-ja-*, sans le *-ku-*
Nikaja, et je vins.	*Sijaja*, je ne suis pas encore venu.
ukaja, et tu vins.	*hujaja*, tu n'es pas encore venu.
akaja, et il vint.	*hajaja*, il n'est pas encore venu. etc.
etc., etc.	

Exercice 33.

Amka ku-, s'éveiller. — *acha ku-*, laisser, lâcher. — *fa-ku-*, mourir. — *ita ku-*, appeler, nommer. — *la ku-*, manger. — *nya ku-*, pleuvoir, tomber (pluie). — *nwa* ou *nywa ku-*, boire. — *omba ku-*, mendier, demander supplier. — *osha ku-*, l'aver. — *uma ku-*, mordre, piquer, faire mal.

THÈME. — Je n'ai pas encore mangé. — Ils ne mangent pas d'œufs. — Mon père et ma mère sont morts. —

AFFIRMATIF	NÉGATIF
Futur *-ta-*, conserve le *-ku-*	Futur *-ta-*, conserve le *-ku-*
Nitakuja, je viendrai.	*Sitakuja*, je ne viendrai pas.
utakuja, tu viendras.	*hutakuja*, tu ne viendras pas.
atakuja, il viendra.	*hatakija*, il ne viendra pas.
etc., etc	etc.

CONDITIONNEL.

Présent *-nge-*. conserve le *-ku-*.	Présent *-nge-*, conserve le *-ku-*.
Ningekuja, je viendrais.	*Singekuja*, je ne viendrais pas.
ungekuja, tu viendrais.	*hungekuja*, tu ne viendrais pas.
angekuja, il viendrait, etc.	*hangekuja*, il ne viendrait pas.

La pluie tombera-t-elle ? — Ton frère t'a appelé. — Ils ont appelé leur compagnon. — Je ne bois pas d'eau. — Ils ne m'ont pas laissé venir. — Ils ont laissé leurs lances et leurs flèches. — Avez-vous fini votre travail ? — Le chien m'a mordu. — Ils ne chantent pas. — Vous n'avez pas encore lavé les tasses ? — Je les ai lavées. — Une épine m'a piqué dans le chemin. — Je ne mangerai pas de viande. Nous n'avons pas encore bu. — S'il avait bu, il aurait mangé. — S'il s'était éveillé, il serait venu. — Laissez cette corde ; je ne la laisserai pas. — N'appelez mon frère. — S'il tombe de la pluie, je ne partirai pas. — Les hommes meurent. — Si je ne chante pas je dormirai. — J'ai laissé les bananes qui ne sont pas mûres. — Je n'ai pas encore mendié. — Nous ne mendions pas. — Il ne travaille pas et il mendie. — Si vous aviez fini de laver les cuvettes, nous partirions. — Ils ne mangent pas de viande de chèvre. — Vous n'avez pas encore mangé de bananes ? — Ils m'appellent Mabruki. — Nous

AFFIRMATIF	NÉGATIF
Passé-*ngali-*, conserve le -*ku-*.	Passé-*ngali-*, conserve le -*ku-*.
Ningalikuja, je serais venu.	*Singalikuja*, je ne serais pas venu.
ungalikuja, tu serais venu.	*hungalikuja*, tu ne serais pas venu.
angalikuja, il serait venu etc.	*hangalikuja*, il ne serait pas venu, etc.
Temps en *ki-*, sans le *ku-*	Temps en -*sipo*, conserve le -*ku-*.
Nikija, moi venant, *ou* si je viens.	*Nisipokuja*, si je ne viens pas.
ukija, toi venant, *ou* si tu viens.	*usipokuja*, si tu ne viens pas.
akija, lui venant, etc.	*asipokuja*, s'il ne vient pas, etc.
Temps en -*japo-*, conserve le *ku-*.	
Nijapokuja dans le cas où je viendrais.	
ujapokuja, dans le cas où tu viendrais.	
ajapokuja, dans le cas où il viendrait, etc.	

ne nous réveillerons pas. — Laissez-moi me promener. — Je vous supplie, ne me liez pas. — Sa plaie lui fait mal. — Ils ne nous laissèrent pas passer. — Nous n'avons pas mangé vos patates. — Ils auraient bu votre lait, s'ils avaient pu le prendre.

Exercice 34.

Fagia ku-, balayer. — ***kumbuka ku-***, se rappeler. — *ngoja ku-*, attendre, servir.. — *oa ku-*, se marier, épou-

AFFIRMATIF	NÉGATIF
IMPÉRATIF (irrég).	
Njoo, viens.	*Si njoo*, ne viens pas
Njooni, venez.	*Si njooni*, ne venez pas.
SUBJONCTIF.	
Sans le *-ku-*,	Sans le *-ku-*.
Nije, que je vienne.	*Nisije*, que je ne vienne pas.
uje, que tu viennes.	*usije*, que tu ne viennes pas.
aje, qu'il vienne, etc.	*asije*, qu'il ne vienne etc.
	Temps en *-sije-*, conserve le *-ku-*.
	Nisijekuja, que je ne sois pas encore venu
	usijekuja, que tu ne sois pas encore venu.
	asijekuja, qu'il ne soit pas encore venu.

NOTA I. — L'impératif de *kudya* est tout à fait irrégulier : *njoo, njooni* ; les autres verbes monosyllabiques conservent le *ku* au singulier : *kula*, mange ; au pluriel, ils le conservent ou le perdent indifféremment ; *kuleni* ou *leni*, mangez.

---

ser (en parlant de l'homme). — *oga ku-*, se baigner. — *ogopa ku-*, craindre. — *pumzika ku-*, se reposer, prendre haleine. — *zani ku*, penser, s'imaginer, croire. — *twanga ku-*, piler du grain dans un mortier, séparer le grain de son enveloppe en le pilant. — *unga ku-*, unir joindre.

Nota 2. — Toutes les fois qu'un pronom personnel régime est intercalé dans le verbe, le *ku* doit disparaître.

Amekula, il a mangé.	*amemla*, il l'a mangé.
Alikula, il mangea.	*alimla*, il le mangea.

Les relatifs intercalés dans le verbe n'empêchent pas de conserver le *ku*.

Aliyekuja,	(l'homme)	qui vint.
Anayekuja,	—	qui vient.
Atakayekuja,	—	qui viendra.

Mais quand le relatif est joint au verbe sans aucun signe de temps, suivant la manière indiquée plus haut, le *ku* disparaît à l'affirmatif, et non au négatif.

Nijaye, moi qui viens, *nisiyekuja*, moi qui ne viens pas.
Ujaye, toi qui viens, *usiyekuja*, toi qui ne viens pas.

II. Verbes dissyllabiques.

La plupart des verbes dissyllabiques qui commencent par une voyelle, peuvent indifféremment perdre ou conserver le *ku* de l'infinitif aux temps indiqués plus haut pour les verbes monosyllabiques.

Amekwisha ou *ameisha*,	il a fini.
Nitakwimba ou *nitaimba*,	je chanterai.

Version. — Utatwanga muhindi niliouacha hapa. — Hajaisha kufagia. — Amekwisha kuoga. — Mtu atakayeogopa atakaa papahapa. — Usichukue miti ile miwili niliyoiunga. — Ndugu yangu yule aliyeoa amefuka — Mpagazi atakayepumzika njiani hatapata nyama. — Mgeni anayekumbuka inchi yake. — Nazani rafiki yangu atakuja. — Mtu ajaye kuomba mkate wake.

Cependant on semble de préférence conserver le *ku*, et l'on dira bien plus souvent, *amekwiba*, il a volé, *alikwanza*, il commença, que *ameiba*, *alianza*.

§ 3. Verbe être.

Comme le verbe *kuwa*, être, offre quelques difficultés dans sa conjugaison et dans son emploi avec les pronoms relatifs, nous donnerons : 1° Sa conjugaison ; 2° Son emploi avec les pronoms relatifs ; 3° Son emploi spécial avec les pronoms relatifs de la 9e classe : *mo*, *po*, *ko* ; 4° La manière particulière de le traduire, lorsqu'il est précédé de *ce*, et suivi du pronom personnel, comme dans ces phrases : c'est moi, c'est lui, c'est nous, ce sont eux, etc.

1° Conjugaison de *kuwa*, Être

Le verbe *kuwa*, être, est tout à fait irrégulier au présent indicatif et à l'impératif ; à ses autres temps il suit la règle des verbes monosyllabiques, qui conservent le *ku* de l'infinitif à quelques temps.

---

ameondoka. — Mto tulipokwenda kuoga umekauka. — Msiponingoja nitakaa huku. — Mtamfunga mtumwa yulé asiyekwisha kazi yake. — Mtoto aliyefagia nyumbani hajui kufagia. — Watu wangu watatu walikwenda kuoga mtoni wakafa majini. — Mtu huyu hali nyama ya kondoo. — Wapagazi wengi waliogopa wakarudi huku mgini. — Waliokimbia walikufa. — Mtumwa wangu aunguaye hakufa.— Hujaisha kutwanga ? —

Le présent est très rarement employé à sa forme ordinaire. Généralement, on se sert de *ni* à l'affirmatif et de *si* au négatif, pour toutes les personnes et tous les nombres ; ou bien, on emploie simplement les pronoms personnels sujets, appropriés au sujet du verbe, en sous-entendant le verbe être. A la troisième personne, on se sert du pronom personnel *yu* et non de *a*.

INDICATIF

AFFIRMATIF PRÉSENT Je suis, tu es, il est, nous sommes, etc.				NÉGATIF PRÉSENT
Nawa	très rarement employés	*ni*	*ni* pour toutes les personnes et tous les nombres	*Si* pour toutes les personnes et pour tous les nombres.
wawa		*u*		
awa		*yu*		
twawa		*tu*		
mwawa		*mu*		
wawa		*wa*		

sitakwisha ? — Mmekula ndizi zenu ? tumezila. — Nisipokwimba njiani nitaogopa. — Hatunwi maji matupu. — Tulipopita kwako babako hajafa. — Kisima kile tulipokwenda kuchota maji kimejaa. — Haingalikunya mvua tungalipata kupita. — Ikinya mvua kae kwako. — Itakunya mvua.

Exercice 35.

Bora, grand, meilleur. — *gali*, cher. — *haba*, en petite quantité. — *haramu*, illégal, illicite. — *hodari*, fort. —

AFFIRMATIF					NÉGATIF
2e	CL. sing	*u*	plur.	*i*	
3e	— —	*i*	—	*zi*	
4e	— —	*ki*	—	*vi*.	
5e	— —	*li*	—	*ya*.	
6e	— —	*u*	—	*zi*.	
7e	— —	*pa*	—	*pa*.	
8e	— —	*ku*	—	*ku*.	

PASSÉ DÉFINI	Passé négatif *-ku-*.
Je fus, tu fus, etc.	Je n'étais pas, tu n'étais pas, etc.
Sing. *nilikuwa*.	Sing. *sikuwa*.
ulikuwa.	*hukuwa*.
1re CL. *a-* } *likuwa*.	1re CL. *ha-* } *kuwa*.
2e — *u-*	2e — *hau-*
3e — *i-*	3e — *hai-*
4e — *ki-*	4e — *haki-*
5e — *li-*	5e — *hali-*
6e — *u-*	6e — *hau-*
7e — *pa-*	7e — *hapa-*
8e — *ku-*	8e — *haku-*

---

ingi, nombreux, en grande quantité (pour ce qui se compte). — *rahisi*, bon marché. — *safi*, propre. — *tele*, en grande quantité (pour ce qui ne se compte pas). — *zaifu*, faible, mauvais, infirme (ordinairement pris en mauvaise part).

VERSION. — Mtu huyu ni mbaya. — Yalikuwa 'maji haba mtoni. — Yamekuwa mafuta tele humu. — Chombo hiki ni hodari. — Kitakuwa bora. — Watu hawa wamekuwa zaifu. Saa hii ni nzuri. — Mimi ni hodari. — Ukiwa mgonjwa usitoke kutembea. — Ningekuwa mrefu ningepata matawi haya. — Mtoto wako si mwema. — Nyumba zangu si kubwa. — Ndizi zitakuwa rahisi. —

AFFIRMATIF			NÉGATIF		
Plur.	*tulikuwa.*		Plur.	*hatukuwa.*	
	mlikuwa.			*hamkuwa.*	
1re Cl.	*wa-*		1re Cl.	*hawa-*	
2e —	*i-*		2e —	*hai-*	
3e —	*zi-*		3e —	*hazi-*	
4e —	*vi-*		4e —	*havi-*	
5e —	*ya-*	*likuwa.*	5e —	*haya-*	*kuwa.*
6e —	*zi-*		6e —	*hazi-*	
7e —	*pa-*		7e —	*hapa-*	
8e —	*ku-*		8e —	*haku-*	

PASSÉ INDÉFINI *me-*

J'ai été, tu as été, etc.

Sing.	*nimekuwa.*	
	umekuwa.	
1re Cl.	*a*	
2e —	*u*	
3e —	*i*	
4e —	*ki*	
5e —	*li*	*mekuwa.*
6e —	*u-*	
7e —	*pa-*	
8e —	*ku-*	

Kisu hiki kikiwa kikali nitakinunua. — Kwetu kula damu si haramu. — Tumekuwa wote wazima. — Hatujawa wengi. — Ungekuwa mtumwa ningekununua. — Usipokuwa mvivu nakupenda. — Mu tayari ? tunaondoka. — Mpagazi huyu si hodari. — Nguo zitakuwa gali. — Viazi vyangu vi vinene. — Kasha hili li zito. — Mti huu u mfupi. — Nyama hii imbichi. — Tu wazima. — Chupa lako li tupu. — Mitumbwi hii mibovu. — Nyumba zao zi mpya. — Wembe wako mwena. — Wangu u mbaya — Panga zao zikiwa kali. — Jua si kali. — Jua lita-

AFFIRMATIF	NÉGATIF
Plur. *tumekuwa.*	
mmekuwa.	
1re CL. *wa-*	
2e — *i-* *mekuwa.*	
3e — *zi-* *mekuwa.*	
4e — *vi-* *mekuwa.*	
5e — *ya-* *mekuwa.*	
6e — *zi-* *mekuwa.*	
7e — *pa-* *mekuwa.*	
8e — *ku-* *mekuwa.*	

Passé narratif *-ka-*	Passé pas encore *-ja-*
Et j'étais, et tu étais, etc.	Je n'étais pas encore, etc.
Sing. *nikawa.*	Sing. *sijawa.*
ukawa.	*hujawa.*
1re CL. *a-*	1re CL. *ha-*
2e — *u-* *kawa.*	2e — *hau-* *jawa.*
3e — *i-* *kawa.*	3e *hai* *jawa.*
4e — *ki-* *kawa.*	4e — *haki-* *jawa.*
5e — *li-* *kawa.*	5e — *hali-* *jawa.*
6e — *u-* *kawa.*	6e — *hau* *jawa.*
7e — *pa-* *kawa.*	7e — *hapa-* *jawa.*
8e — *ku-* *kawa.*	8e — *haku* *jawa.*

---

kuwa kali. — Maziwa yakiwa gali usinuune. — Viazi vitakuwa rahisi.

Exercice 36.

Bega ma-, épaule. — *dawa ma-*, ou *dawa*, remède. — *karatasi*, papier. — *mtego, mi-*, piège. — *mzigo mi-*, fardeau, charge. — *pipa, ma-*, baril, tonneau. — *povu*, écume. — *tanga, ma-*, voile (de bateau). — *tunda, ma-*, fruit. — *wakati*, temps, saison.

THÈME. — Ce tonneau est vide ; — il n'est pas vide : — il n'est pas encore vide ; — s'il est vide, il se remplira. — Ton fardeau n'est pas lourd ; il ne sera pas lourd

AFFIRMATIF		NÉGATIF	
Plur. *tukawa.*		Plur. *hatujawa.*	
mkawa.		*hamjawa.*	
1re CL. *wa-*	*kawa.*	1re CL. *wa-*	*jawa*
2e — *i-*		2e — *hai-*	
3e — *zi-*		3e — *hazi-*	
4e — *vi-*		4e — *havi-*	
5e — *ya-*		5e — *haya-*	
6e — *zi-*		6e — *hazi-*	
7e — *pa-*		7e — *hapa-*	
8e — *ku-*		8e — *haku-*	
FUTUR *-ta-*		FUTUR *-ta-*	
Je serai, tu seras, il sera, etc.		Je ne serai pas, tu ne seras pas, etc.	
Sing. *-nitakuwa.*		Sing. *sitakuwa.*	
utakuwa.		*hutakuwa.*	
1re CL. *a-*	*takuwa.*	1re CL. *ha-*	*takuwa.*
2e — *u-*		2e — *hau-*	
3e — *i-*		3e — *hai-*	
4e — *ki-*		4e — *haki-*	
5e — *li-*		5e — *hali-*	
6e — *u*		6e — *hau-*	
7e — *pa-*		7e — *hapa-*	
8e — *ku-*		8e — *haku-*	

s'il était lourd, tu ne le prendrais pas. — Les remèdes de ce médecin sont forts ; — ils seront doux ; — s'ils ne sont pas doux, je ne les boirai pas. — Ces fruits ne sont pas encore mûrs ; — s'ils sont verts, laissez-les ; ils ne seront pas mûrs. — Cette épaule de mouton n'est pas grasse ; — elle n'est pas chère ; — si elle est chère, ne l'achète pas. — Les voiles de mon bateau seront grandes ; — elles n'étaient pas grandes. — Vous n'étiez pas, ils n'étaient pas des hommes faibles. — Nous, nous ne sommes pas forts. — Ce vinaigre sera fort ; — il ne sera pas fort. — Cette écume n'est pas blanche ; — si,

AFFIRMATIF			NÉGATIF		
Plur. *tutakuwa.*			Plur. *hatutakuwa.*		
mtakuwa.			*hamtakuwa.*		
1re CL.	*wa-*	*takuwa.*	1re CL.	*hawa-*	*takuwa.*
2e —	*i-*		2e —	*hau-*	
3e —	*zi-*		3e —	*hazi-*	
4e —	*vi-*		4e —	*havi-*	
5e —	*ya-*		5e —	*haya-*	
6e —	*zi-*		6e —	*hazi-*	
7e —	*pa-*		7e —	*hapa-*	
8e —	*ku-*		8e —	*haku-*	

CONDITIONNEL

Présent *-nge-* ou *-nga-*			Présent *-nge-*		
Je serais, tu serais, il serait, etc.			Je ne serais pas, tu ne serais pas, etc.		
Sing. *ningekuwa* ou *ningawa.*			Sing. *singekuwa.*		
ungekuwa ou *ungawa.*			*hungekuwa,*		
1re CL.	*a-*	*ngekuwa* ou *ngawa.*	1re CL.	*ha-*	*ngekuwa.*
2e —	*u-*		2e —	*hau-*	
3e —	*i-*		3e —	*hai-*	
4e —	*ki-*		4e —	*haki-*	
5e —	*li-*		5o —	*hali-*	
6e —	*u-*		6e —	*hau-*	
7e —	*pa-*		7e —	*hapa-*	
8e —	*ku-*		8e —	*haku-*	

---

elle était blanche, tu ne la jetterais pas. — Ce n'est pas la saison de la pluie. — Le saison de la pluie n'est pas bonne pour se promener. — Ce papier n'est pas joli ; — il était beau ; — s'il était beau, je le prendrais ; — il n'est pas propre ; — s'il n'est pas propre, tu le jetteras. — La voile de notre bateau est neuve ; — elle était blanche. —

AFFIRMATIF		NÉGATIF	
Plur. *tungekuwa* ou *tungawa*		Plur. *hatungekuwa.*	
mngekuwa ou *mngawa.*		*hamngekuwa.*	
1re CL. *wa-*	*ngekuwa* ou *ngawa*	1re CL. *hawa-*	*ngekuwa.*
2e — *i-*		2e — *hai-*	
3e — *zi-*		3e — *hazi-*	
4e — *vi-*		4e — *havi-*	
5e — *ya-*		5e — *haya-*	
6e — *zi-*		6e — *hazi-*	
7e — *pa-*		7e — *hapa-*	
8e — *ku-*		8e — *haku-*	
PASSÉ *-ngali-*		PASSÉ *-ngali-*	
J'aurais été, tu aurais été, etc.		Je n'aurais pas été, etc.	
Sing. *ningalikuwa.*		Sing. *singalikuwa.*	
ungalikuwa.		*hungalikuwa.*	
1re CL. *a-*	*ngalikuwa.*	1re CL. *ha-*	*ngalikuwa.*
2e — *u-*		2e — *hau-*	
3e — *i-*		3e — *hai-*	
4e — *ki-*		4e — *haki-*	
5e — *li-*		5e — *hali-*	
6e — *u-*		6e — *hau-*	
7e — *pa-*		7e — *hapa-*	
8e — *ku-*		8e — *haku-*	

---

elle ne sera pas blanche. — Que vos voiles soient propres ; qu'elles ne soient pas noires. — Que tous les fardeaux soient légers.

Exercice 37.

-Changa, jeune. — *chafu*, sale. — *-dufu*, fade, insipide. — *-ingine*, autre. — *-kaidi*, entêté. — *-ororo*, doux, moelleux. — *-pevu*, mûr, complètement dévelop-

AFFIRMATIF			NÉGATIF		
Plur. *tungalikuwa.*			Plur. *hatungalikuwa.*		
mngalikuwa.			*hamngalikuwa.*		
1re CL.	*wa-*	*ngalikuwa.*	1re CL.	*hawa-*	*ngalikuwa.*
2e	— *i-*		2e	— *hai-*	
3e	— *zi-*		3e	— *hazi-*	
4e	— *vi-*		4e	— *havi-*	
5e	— *ya-*		5e	— *haya-*	
6e	— *zi-*		6e	— *hazi-*	
7e	— *pa-*		7e	— *hapa-*	
8e	— *ku-*		8e	— *haku-*	

Temps en *-ki-*			Nég. du temps *-ki*, en *-sipo-*		
Moi étant, *ou* si je suis, si tu es, etc.			Moi n'étant pas, *ou* si je ne suis pas, etc.		
Sing. *nikiwa.*			Sing. *nisipokuwa.*		
ukiwa.			*usipokuwa.*		
1re CL.	*a-*	*kiwa.*	1re CL.	*a-*	*sipokuwa*
2e	— *u*		2e	— *u-*	
3e	— *i-*		3e	— *i-*	
4e	— *ki-*		4e	— *ki-*	
5e	— *li-*		5e	— *li-*	
6e	— *u-*		6e	— *u-*	
7e	— *pa-*		7e	— *pa-*	
8e	— *ku-*		8e	— *ku-*	

---

pé. — *-salama*, sain et sauf. — *-tamu*, doux, agréable. — *-tayari*, prêt.

VERSION. — Nguo zake zimekuwa chafu. — Punda wasiwe wakaidi ; wangu ni mkaidi. — Punda wake wa kiwa wakaidi usiwanunue. — Mtoto wako ni mkaidi. — Tusipokuwa tayari tutakaa. — Angalikuwa tayari angaliondoka nao. — Nikiwa tayari nitakufuata. — Wakawa mbuzi wengi wachanga. — Tezama kondoo awe mcha-

AFFIRMATIF			NÉGATIF		
Plur. *tukiwa.*			Plur. *tusipokuwa.*		
mkiwa.			*msipokuwa.*		
1re CL.	*wa-*	*kiwa.*	1re CL.	*wa-*	*sipokuwa.*
2e —	*i-*		2e —	*i-*	
3e —	*zi-*		3e —	*zi-*	
4e —	*vi-*		4e —	*vi-*	
5e —	*ya-*		5e —	*ya-*	
6e —	*zi-*		6e —	*zi*	
7e —	*pa-*		7e —	*pa-*	
8e —	*ku-*		8e —	*ku-*	

Temps en *-japo-*
Dans le cas *où* je serais, tu serais, etc.

Sing. *nijapokuwa.*
ujapokuwa.

1re CL.	*a-*	*japokuwa.*
2e —	*u-*	
3e —	*i-*	
4e —	*ki-*	
5e —	*li-*	
6e —	*u-*	
7e —	*pa-*	
8e —	*ku-*	

---

nga. — Ngombe wachanga walikuwa huku. — Hawakuwa sokoni mbuzi wachanga. — Nyama hii i mbichi. Mchuzi huu u'mdufu. — Haukuwa mdufu. — Dawa hili lisiwe dufu. — Likiwa dufu nitaliacha. — Mto huu ulikuwa mwororo. — Si mwororo. — Utakuwa mwororo. — Matunda haya ni tamu. — Watu wengine wakawa salama. — Ndizi hizi si pevu ; zitakuwa pevu : zingalikuwa pevu, ningalizikata. — Kisu hiki kikali. — Uso

AFFIRMATIF	NÉGATIF
Plur. *tujapokuwa.*	
mjapokuwa.	
1re CL. *wa-* japokuwa.	
2e — *i-*	
3e — *zi-*	
4e — *vi-*	
5e — *ya-*	
6e — *zi-*	
7e — *pa-*	
8e — *ku-*	

IMPÉRATIF

iwe, sois.	*siwe*, ne sois pas.
iweni, soyez.	*siweni*, ne soyez pas.

SUBJONCTIF

Que je sois, que tu sois, qu'il soit, etc.	Que je ne sois pas, que tu ne sois pas, etc.
Sing. *niwe.*	Sing. *nisiwe..*
uwe.	*usiwe.*
1re CL. *a-* we.	1re CL. *a-* siwe.
2e — *u-*	2e — *u-*
3e — *i-*	3e — *i-*
4e — *ki-*	4e — *ki-*
5e — *li-*	5e — *li-*
6e — *u-*	6e — *u-*
7e — *pa-*	7e — *pa-*
8e — *ku-*	8e — *ku-*

wake ukawa mchafu. — Sisi tumekuwa, hodari wakawa wengine zaifu. — Mwana huyu hatakuwa hodari. — Mmekuwa wote salama. — Hawakuwa wote wema. — Maji yakiwa haba tutaweza kupita. — Wangalikuwa wengi wangalitupiga. — Tezame isiwe siki tele. — Ulikuwa mtoto mkaidi.

AFFIRMATIF

Plur. *tuwe.*
mwe.

1re Cl.	*wa*	
2e —	*i-*	
3e —	*zi-*	
4e —	*vi-*	
5e —	*ya-*	*we.*
6e —	*zi-*	
7e —	*pa-*	
8e —	*ku-*	

NÉGATIF

Plur. *tusiwe.*
msiwe.

1re Cl.	*wa-*	
2e —	*i-*	
3e —	*zi-*	
4e —	*vi-*	
5e —	*ya-*	*siwe.*
6e —	*zi-*	
7e —	*pa-*	
8e —	*ku-*	

Autre subjonctif en *-sije-*

Que je ne sois pas encore, etc.

Sing. *nisijekuwa.*
usijekuwa.

1re Cl.	*a-*	
2e —	*u-*	
3e —	*i-*	
4e —	*ki-*	*sijekuwa.*
5e —	*li-*	
6e —	*u-*	
7e —	*pa-*	
8e —	*ku-*	

Exercice 38.

Kovuma, cicatrice. — *majira*, temps. — *mzaha*, moquerie, risée, ridicule, dérision. — *msiba*, *mi-*, chagrin, deuil, ennuis, malheur. — *msumeno*, *mi-*, scie. — *sauti*, voix, son, bruit, cris. — *shibiri*, empan. — *tabakelo*, tabatière. — *ujira*, gages, récompenses, prix d'un travail.

THÈME. — Il y aura de nombreux ennuis. — Il n'y en aura pas ; — s'il y a des ennuis, je partirai. — Sa

AFFIRMATIF	NÉGATIF	
	Plur. *tusijekuwa.*	
	msijekuwa.	
	1re Cl. *wa-*	
	2e — *i-*	*sijekuwa.*
	3e — *zi-*	
	4e — *vi-*	
	5e — *ya-*	
	6e — *i*	
	7e — *pa-*	
	8e — *ku-*	

INFINITIF

kuwa, être.	*kutoa kuwa*, ne pas être.

II. — VERBE *être* JOINT AU RELATIF.

Il y a deux manières de joindre le relatif au verbe être : 1° ajouter le relatif au radical du verbe, sans aucun signe de temps ; 2° intercaler le relatif dans les temps de la conjugaison.

1. — Relatif joint au verbe ÊTRE sans aucun signe de temps.

Comme pour les autres verbes, cette forme s'obtient en mettant les seuls pronoms personnels sujets devant le radical des verbes, sans aucun signe de temps ; le relatif se place après le verbe. Elle s'emploie également pour tous les temps. Le verbe ÊTRE est représenté par la syllabe *-li-* à l'affirmatif, et la syllabe *si* au négatif.

---

scie étant neuve ; si elle n'est pas neuve, je n'en veux point. — Si elle est neuve, tu l'apporteras. — Son empan

AFFIRMATIF	NÉGATIF
Sing. *Ni-li-ye*, moi qui suis	Sing. *Ni-si-ye*, moi qui ne suis pas.
u-li-ye, toi qui es.	*u-si-ye*, toi qui n'es pas.
1re CL. *a-li-ye*, lui qui est.	1re CL. *a-si-ye*, lui qui n'est pas.
2e — *u-li-o* (*mti*), qui est.	2e — *u-si-o* (*mti*), qui n'est pas.
3e — *i-li-yo* (*ngoma*), qui est.	3e — *i-si-yo* (*ngoma*), qui n'est pas.
4e — *ki-li-cho* (*kisu*), qui est.	4e — *ki-si-cho* (*kisu*), qui n'est pas.
5e — *lili-lo* (*tawi*), qui est.	5e — *li-si-lo* (*tawi*), qui n'est pas.
6e — *u-li-o* (*wembe*), qui est.	6e — *u-si-o* (*wembe*), qui n'est pas.
7e — *palipo* (*mahali*), qui est.	7e — *pa-si-po* (*mahali*), qui n'est pas.
8e — *kuli-ko* (*kufa*), qui est.	8e — *ku-si-ko* (*kufa*) qui n'est pas.
Plur. *Tu-li-o*, nous qui sommes.	Plur. *Tu-si-o* nous qui ne sommes pas.
M-li-o, vous qui êtes.	*M-si-o*, vous qui n'êtes pas.
1re CL. *walio*, eux qui sont.	1re CL. *wa-si-o*, eux qui ne sont pas.
2e — *i-li-yo* (*miti*), qui sont.	2e — *i-si-yo* (*miti*), qui ne sont pas.

n'est pas long. — Le mien sera long. — Ses gages ne sont pas grands. — S'ils étaient grands, il travaillerait. — Il y avait un grand deuil chez nous. — Sa voix n'est pas forte. — Ma tabatière n'était pas encore vide. — La sienne n'était pas vide. — Il sera temps de partir. — Si

	AFFIRMATIF	NÉGATIF
3e	— *zi-li-zo* (*ngoma*), qui sont.	— *zi-si-zo* (*ngoma*), qui ne sont pas.
4e	— *vi-li-vyo* (*visu*), qui sont	— *vi-si-vyo* (*visu*), qui ne sont pas.
5e	— *ya-li-vyo* (*matawi*), qui sont.	— *ya-si-yo* (*matawi*), qui ne sont pas.
6e	— *zi-li-zo* (*nyemve*), qui ont.	— *zi-si-zo* (*nyembe*), qui ne sont pas.
7e	— *pa-li-po* (*mahali*), qui sont	— *pa-si-po* (*mahali*) qui ne sont pas.
8e	— *ku-li-ko* (*kufa*), qui sont.	— *ku-si-ko* (*kufa*), qui ne sont pas.
9e CL. *ni-*	*mu-li-mo*, où il y a (dedans).	*mu-si-mo*, où il n'y a pas (dedans).
	pa-li-po-, où il y a (près),	*pa-si-po*, où il n'y a pas (près).
	kuli-ko, où il y a (vers).	*ku-si-ko*, où il n'y a pas (vers).

Ces derniers relatifs de la 9e classe en *ni*, peuvent avoir pour sujet un pronom de n'importe quelle classe.

---

c'est le temps de manger, tu nous le diras. — Il n'était pas encore temps de dormir. — Et il était la risée de tout le monde. — Je n'aime pas à être la risée de mes compagnons. — Ayez soin que mon enfant ne soit pas la risée des autres enfants. — La cicatrice de sa plaie ne sera pas grande ; — elle sera petite.

Exercice 39.

Chakula, vy-, nourriture, repas. — *doana*, hameçon. — *jembe, ma-*, pioche. — *kanzu*, habit long (robe, che-

AFFIRMATIF

Sing. *Ni-li-mo-, po, ko* où je suis.
u-li-mo-, po, ko, où tu es.

1re CL.	*a-*		
2e	— *u-*		
3e	— *i-*		
4e	— *ki-*	*li-mo, po,ko,* où il est.	
5e	— *li-*		
6e	— *u-*		
7e	— *pa-*		
8e	— *ku-*		

Tuli-mo, po, ko, où nous sommes.
M-li-mo, po, ko, où vous êtes.

1re CL.	*wa-*	
2e	— *i-*	
3e	— *zi-*	
4e	— *vi-*	
5e	— *ya-*	*li-mo, po, ko.* où ils sont.
6e	— *zi-*	
7e	— *pa-*	
8e	— *ku-*	

NÉGATIF

Sing. *Ni-si mo, po, ko,* où je ne suis pas.
u-si-mo, po, ko, où tu n'es pas.

1re CL.	*a-*	
2e	— *u-*	
3	— *i-*	
4e	— *ki-*	*si-mo-po,ko,* où il n'est pas.
5e	— *li-*	
6e	— *u-*	
7e	— *pa-*	
8e	— *ku-*	

Tu-si-mo, po, ko, où nous ne sommes pas
M-si-mo, po, ko, où vous n'êtes pas.

1re CL.	*wa-*	
2e	— *i-*	
3e	— *zi-*	
4e	— *vi-*	*si-mo,po,ko,* ou il n'est pas.
5e	— *ya-*	
6e	— *zi-*	
7e	— *pa-*	
8e	— *ku-*	

NOTA. — Le verbe ÊTRE n'est généralement rendu par *-li-*, que lorsqu'il est joint au relatif ; quelquefois cependant, mais rarement, on se sert

mise). — *kifua, vi-,* poitrine. — *kitambaa, vi-,* un morceau d'étoffe. — *kizibao, vi-,* gilet. — *mshipa mi-,* veine, nerf, tendon. — *ngozi,* peau, cuir. — *sarueli,* pantalon.

de *-li-*, sans relatif, et on forme un temps qui a le sens de CONTINUER D'ÊTRE *Nili*, *uli*, *ali*, *tuli*, etc., je suis, tu es, il est, etc., non d'une manière transitoire. Dans un narratif on peut lui intercaler, *ka*, *nikali*, *ukali*, *akali*, etc., et j'étais, et tu étais, etc. (non transitoirement).

2° Relatif intercalé dans le temps.

Le verbe *kuwa* n'ayant pas le présent actuel *-na-*, il n'y a que deux temps avec lesquels le relatif puisse être employé : le temps *-li-*, et le futur *-ta-*, qui devient *-taka-*. Comme avec les autres verbes, le relatif se place après la particule du temps.

PASSÉ INDÉFINI *-li-*	FUTUR *-taka-*
Nili-ye-kuwa, moi qui étais *ou* fus.	*Nitaka-ye-kuwa*, moi qui serai.
uli-ye-kuwa, toi qui étais *ou* fus.	*utaka-ye-kuwa*, toi que seras.
ali-ye-kuwa, lui qui était *ou* fut	*ataka-ye-kuwa*, lui qui sera.
tuli-o-kuwa, nous qui étions *ou* fûmes.	*tutaka-o-kuwa*, nous qui serons.
mli-o-kuwa, vous qui étiez *ou* fûtes.	*mtaka-o-kuwa*, vous qui serez.
wali-o-kuwa, eux qui étaient *ou* furent.	*wataka-o-kuwa*, eux qui seront.

VERSION. — Usitwae chakula kilicho mezani. — Nimesahau doana zilizo mezani mwangu. Samueli iliyo fupi. Kanzu zilizo ndefu. Mgini palipo chakula tele. Lete chungu kile mulimo nyama. Nataka kizibao kilicho kwangu. — Mtachagua miti iliyo miem-

2ᵉ CL. *uli-o-kuwa* (*mti*), qui était.
ili-yo-kuwa, qui étaient.
3ᵉ — *ili-yo-kuwa* (*ngoma*), qui était.
zili-zo-kuwa, qui étaient.
4ᵉ — *kili-cho-kuwa* (*kisu*), qui était.
vili-vyo-kuwa, qui étaient.
5ᵉ — *lili-lo-kuwa*, (*tawi*), qui était.
yali-yo-kuwa, qui étaient.
6ᵉ — *uli-o-kuwa*, (*wembe*), qui était
zili-zo-kuwa, qui étaient.
7ᵉ — *pali-po-kuwa* (*mahali*), qui était.
8ᵉ — *kuli-ko kuwa*, (*kufa*), qui étaient.

2ᵉ CL. *utaka-o-kuwa* (*mti*), qui sera.
itaka-yo-kuwa, qui seront.
3ᵉ — *itaka-yo-kuwa* (*ngoma*), qui sera.
zitaka-zo-kuwa, qui seront.
4ᵉ — *kitaka-cho-kuwa* (*kisu*), qui sera.
vitaka-vyo-kuwa, qui seront.
5ᵉ — *litaka-lo-kuwa* (*tawi*), qui sera.
yataka-yo-kuwa, qui seront.
6ᵉ — *utaka-o-kuwa* (*wembe*) qui sera.
zitaka-zo-kuwa, qui seront.
7ᵉ — *pataka-po-kuwa*, (*mahali*), qui seront.
8ᵉ — *kutawa-ko-kuwa*) *kufa*), qui seront.

III. VERBE *être* AVEC LES RELATIFS DE LA 9ᵉ CLASSE, *mo*, *po*, *ko*.

Lorsque au verbe ÊTRE est jointe l'idée de lieu, que cette idée soit exprimée ou non en français,

---

bamba. — Utafika mtoni pale palipo matete mazuri. — Hataki kulala kitandani pasipo mto mwororo — Usiingie nyumbani musimo mtu. — Mwanangu hapendi kukaa nisipo mimi. — Nanjua alipo nduguyo. — Niambie

on ajoute à l'affirmatif et au négatif de *kuwa*, être, tel qu'il est conjugué plus haut, un des relatifs de la 9e classe *mo, po,* ou *ko,* suivant qu'il s'agit d'intérieur, de proximité ou de mouvement. Cependant *ko* est le plus généralement employé, surtout s'il n'y a rien de bien déterminé au sujet du lieu. Dans ces circonstances ces relatifs n'ont plus la signification de *où*, qu'ils ont lorsqu'ils sont employés à la manière des relatifs, ils auraient plutôt le sens des démonstratifs de lieu, *là, y* : *nipo*, je suis là *ou* j'y suis.

AFFIRMATIF	NÉGATIF
Sing. *Ni-mo, po, ko,* je suis là *ou* j'y suis.	Sing. *Si-mo, po, ko,* je n'y suis pas.
u-mo, po ko, tu es là *ou* tu y es.	*hu-mo, po, ko,* tu n'y es pas.

1re Cl.	*yu-*	*mo, po, ko,* il est.	1re Cl.	*ha-*	*mo, po, ko,* il n'y est pas
2e —	*u-*		2e —	*hau-*	
3e —	*i-*		3e —	*hai-*	
4e —	*ki-*		4e —	*haki-*	
5e —	*li-*		5e —	*hali-*	
6e —	*u-*		6e —	*hau-*	
7e —	*pa-*		7e —	*hapa-*	
8e —	*ku-*		8e —	*haku-*	

---

zilipo nyembe zako. — Hawali mezani pasipo kitambaa. — Utatafuta njia pasipo miiba. — Tukamtupa shimoni musimo maji. — Vikombe vilivyo nyumbani. — Mahali pasipo pazuri. — Kufa kuliko kwema. — Meno yaliyo mabovu. — Panga zilizo kali. — Jembe lililo jipya. — Kidonda kile kilicho. kifuani mwake. — Ngozi ile ilyo uani. — Doana zilizo kubwa.

AFFIRMATIF	NÉGATIF
Plur. *tu-mo, po, ko,* nous y sommes.	Plur, *hatu-mi, po, ko,* nous n'y sommes pas.
mu-mo, po, ko, vous y êtes.	*hamu-po, po, ko,* vous n'y êtes pas.
wa-mo, po, ko, ils y sont.	*hawa mo, pi, ko,* ils n'y sont pas..
2ᵉ CL. *i-*	2ᵉ CL *hai-*
3ᵉ — *zi-*	3ᵉ — *hazi-*
4ᵉ — *vi-*	4ᵉ — *havi-*
5ᵉ — *ya-* } *mo, po, ko* ils y sont	5ᵉ — *haya-* } *mo, po, ko.*
6ᵉ — *zi-*	6ᵉ — *hazi-*
7ᵉ — *pa-*	7ᵉ — *hpap-*
8ᵉ — *ku-*	8ᵉ — *haku-*

PASSÉ INDÉFINI *-me-*

nimekuwa-mo, po, ko, j'y ai été, j'ai été là.

umekuwa-mo, po, ko, tu y as été, tu as été là.

amekuwa-mo, po, ko, il a été là, etc.

PASSÉ INDÉFINI *-li-*	PASSÉ *-ku-*
J'étais *ou* je fus là, tu étais *ou* tu fus là.	Je n'y étais pas, tu n'y étais pas, etc.
nilikuwa-mo, po, ko.	*sikuwa-mo, po, ko.*
ulikuwa-mi, po, ko, etc.	*hukuwa-mo, po, ko.*
	hakuwa-mo, po, ko.
	hakutuwa mo, po, ko, etc.

Exercice 40.

Mbu, moustique. — *mchana,* jour (par opposition à nuit), midi. — *risasi,* plomb. — *sabuni,* savon. — *samaki,* poisson. — *ubao, mbao,* planche. — *umande,*

AFFIRMATIF	NÉGATIF
PASÉ NARRATIF *-ka*	PASSÉ *-ja-*
Et j'y étais *ou* j'étais là, et tu étais là , etc.	Je n'y étais pas encore, etc
nikawa-mo, po, ko,	*sijawa-mo, po, ko,*
ukawa-mo, po, ko, etc.	*hujawa-mo, po, ko.*
	hajawa, mo, po, ko.
	hatujawa-mo, po, ko.
FUTUR *-ta-*	FUTUR
J'y serai, tu y seras, il y sera, etc.	Je n'y serai pas, tu n'y seras pas, etc.
nitakuwa-mo, po, ko.	*sitakuwa-mo, po, ko,*
utakuwa-mo, po, ko.	*kutakuwa-mo, po, ko,*
atakuwa-mo, po, ko, etc.	*harakuwa-mo, po, ko.* etc.

De même pour tous les autres temps. — Ces relatifs peuvent s'ajouter de la sorte au verbe ÊTRE, même lorsqu'un relatif est déjà joint au verbe.

Watu waliomo nyumbani, les hommes qui sont à la maison (mot à mot qui sont à la maison).

Alipokuwapo mgini, quand il était à la ville (mot à mot quand il y était à la ville).

NOTA. — Cet emploi des relatifs de la 9e classe est particulier au verbe ÊTRE.

---

rosée, vent de terre. — *upondo, pondo,* perche (pour bateau). — *usiku,* nuit, le pluriel *siku* désigne le jour de 24 heures.

VERSION. — Samaki ile iliyo mkononi mwako. — Hatutalala mahali palipo mbu nyingi. — Risasi iliyokuwa mezani ilianguka. — Sabuni iliyokuwa hapa. — Utaondoa umande utakaokuwa njiani. Upondo uliokuwa huku, ulianguka majini. — Mwana alivunja viti

IV. — VERBE *être* DANS CES PHRASES : C'EST MOI, C'EST NOUS.

Le verbe ÊTRE précédé de ce, et suivi du pronom personnel, comme dans ces phrases : c'est moi, c'est lui, c'est nous, se rend par *ndi* à l'affirmatif et *si* au négatif, et le pronom personnel est rendu par le relatif. A la 1re et à la 2e personne du singulier et du pluriel, on se sert de la dernière syllabe de la forme isolée des pronoms personnels, sonnels, *mi*, *we*, *si*, *nyi*.

	SINGULIER		PLURIEL
	ndimi,	c'est moi,	*ndisi*.
	ndiwe,	c'est vous,	*ndinyi*.
1re CL.	*ndiye*,	c'est lui,	*ndio*.
2e —	*ndio*,	—	*ndiyo*.
3e —	*ndiyo*,	—	*ndizo*.
4e —	*ndicho*,	—	*ndivyo*.
5e —	*ndilo*,	—	*ndiyo*.
6e —	*ndio*,	—	*ndizo*.
7e —	*ndipo*,	—	*ndipo*.
8e —	*ndiko*,	—	*ndiko*.
9e CL.	*ndimo*,	c'est là	(dedans).
	ndipo,	—	(près).
	ndiko,	—	(vers).

	SINGULIER		PLURIEL
	simi,	ce n'est pas moi,	*sisisi*.
	siwe,	ce n'est pas toi,	*sinyi*.
1re CL.	*siye*,	—	*sio*.
2e —	*sio*,	—	*siyo*.
3e —	*siyo*,	—	*sizo*.
4e —	*sicho*,	—	*sivyo*,
5e —	*silo*,	—	*siyo*,
6e —	*sio*,	—	*sizo*.
7e —	*sipo*,	—	*sipo*.
8e —	*siko*,	—	*siko*.
9e CL.	*simo*,	ce n'est pas là	(dedans)
	sipo,	—	(près).
	siko,	—	(vers).

---

vilivyokuwa mlangoni. — Mchana napenda kukaa pasipo jua. — Mzungu aliyekuwa mgini aliondoka. Mtu atakayekuwa hodari. — Viazi vitakavyokuwa vizuri. — Fagio zilizokuwa mlangoni. — Milango itakayokuwa mizuri. — Samaki kubwa zilizokuwa sokoni. — Ubao utakaokuwa mrefu. — Fisi waliokuwa hapa usiku. — Mizigo itakayokuwa mizito. — Makasia yaliyo marefu. — Viasi vitakavyokuwa tayari. — Kibanzi kilicho kule. — Mahali palipokuwa safi. — Watu watakaokuwa salama. — Fagio zilizo mpya. — Siki iliyo kali. — Matunda

Nota. — Le verbe Être, ainsi traduit, avec le relatif, rend bien notre expression française : voici, voilà.

Ndizo nyumba nzuri, voici de belles maisons (mot à mot ce sont la de belles maisons).

Ndivyo visu vizuri, voici de beaux couteaux.

§ 4. Verbe avoir.

Comme les autres verbes, le verbe avoir peut être employé : 1° seul, c'est-à-dire, sans pronoms joints ou intercalés ; 2° avec un pronom personnel régime ; 3° avec un relatif.

I. Conjugaison du verbe *avoir*.

En kiswahili, le verbe avoir se rend par le verbe être, *kuwa*, suivi de la préposition avec : *kuwa na*, être avec. Pour obtenir la conjugaison du verbe avoir, il suffit donc de prendre le verbe, *kuwa*, tel qu'il est conjugué plus haut, et de lui ajouter *na* à toutes les personnes et à tous les temps à l'affirmatif et au négatif. Au présent affirmatif et négatif, *na* se joint aux pronoms personnels sujets ; aux autres temps, il est séparé de *kuwa*.

---

yaliyo matamu. — Mamangu ameleta viazi vilivyo vinene. — Mtapasua kuni zilizo uani. — Usiku mbwa alichukua nyama iliyokuwa jikoni.

Exercice 41.

Alama, marque. — *chokaa*, chaux. — *hema ma*, tente. — *jeraha*, blessure. — *kutu*, rouille. — *msomari, mi-*, clou, cheville, petit piquet. — *ndoo*, seau. — *nyundo*, marteau. — *samaki*, poisson. — *tupa*, lime.

INDICATIF

AFFIRMATIF		NÉGATIF	
PRÉSENT		**PRÉSENT**	
Sing. *nina*, j'ai.		Sing. *sina*, je n'ai pas.	
una, tu as.		*huna*, tu n'as pas.	
1er CL. *ana*		1er CL. *hana*	
2e — *una*	il *ou* elle a	2e — *hauna*	il n'a pas
3e — *ina*		3e — *haina*	
4e — *kina*		4e — *hakina*	
5e — *lina*		5e — *halina*	
6e — *una*		6e — *hauna*	
7e — *pana*		7e — *hapana*	
8e — *kuna*		8e — *hakuna*	
Plur. *tuna*, nous avons.		Plur. *hatuna*, nous n'avons pas.	
muna, vous avez		*hamna*, vous n'avez pas.	
1re CL. *wana*, ils ont.		1re CL. *hawana*	
2e — *ina*	ils *ou* elles ont.	2e — *haina*	ils n'ont pas.
3e — *zina*		3e — *hazina*	
4e — *vina*		4e — *havina*	
5e — *yana*		5e — *hayana*	
6e — *zina*		5e — *hazina*	
7e — *pana*		7e — *hapana*	
7e — *kuna*		8e — *hakuma*	

VERSION. — Bwana yupo ? hapo hayupo. — Misomari, ya hema ipo huku, ipo kule. — Nyundo ziko kwa ko ? ziko Ipo chokaa kwangu — Imo sumu kisimani humu. Wameondoa alama iliyokuwako. — Nimekuwapo sokoni. Nimemwona kufa nimekuwamo nyumbani. Ndoo hazimo jikoni, moja imo kisimani. — Ipo tupa moja kwake. — Ndizi ziko tele sokoni. — Sikumwona mtoro, sikuwapo. — Usije, sitakuwapo. — Ipo kutu tele. Ningalikuwapo hangalikufa ndugu yangu.

AFFIRMATIF	NÉGATIF
PASSÉ INDÉFINI *-me-*	PASSÉ *-ku-*
	Je n'avais pas ou je n'eus pas etc.
nimekuwa na, j'ai eu.	*sikuwa na*,
umekuwa na, tu as eu.	*hukuwa na*,
amekuwa na, il a eu, etc.	*hakuwa na*, etc. etd.
PASSÉ DÉFINI *li-*	
nilikuwa na, j'eus.	
ulikuwa na, tu eus	
alikuwa na, il eut, etc.	
FUTUR *-ta-*	FUTUR *-ta-*
J'aurai, tu auras, il aura..	Je n'aurai pas, tu n'auras.
Nitakuwa na,	*Sitakuwa na*,
utukuwa na,	*hutakuwa na*,
atakuwa na, etc.	*hatakuwa na*, etc.

Voyez conjugaison de *kuwa* affirmatif et négatif.

— Ipo jeraha kubwa. — Siyajui manibo haya, sikuwapo. — Mtu aliyekuwapo alikimbia. — Utaingia nitakapokuwamo nyumbani. — Samaki zimo nyingi mtoni. — Ziko mbao tatu kule. — Haupo upondo mtumbwini. — Hazipo mbu hapa kwetu. — Sabuni iko sokoni ? haipo. — Majembe yako kule shambani. — Mjoli wangu hayupo. — Ndoo mbili zipo pale. - Nguzo za hema zipo pale. — Msomari moja haupo. — Chokaa haiko huku. — Alama hazipo. — Hayamo maji mtoni. — Yapo matete mengi pale mtoni.

Exercice 42.

Bonde, vallée. — *chumba, vy-*, chambre. — *kapi, ma-*, son. — *konde, ma-*, poing. — *maalagi*, haricots. — *shingo, ma-*, cou.— *sufuria*, pl. *sufuria* ou *ma-*, marmite, vase en métal. — *uji*, bouillie très claire.— *ugari*, bouillie très épaisse. — *vumbi, ma-*, poussière.

NOTA. — Le présent et le passé défini- *li-* se conjuguent avec les pronoms de la 9e classe comme sujets, et ont le sens de il a, il y avait.

mna, il y a (dedans). *pana*, — (près). 9e CL. *kuna*, — (vers). *mlikuwa na*, il y avait (dedans), *palikuwa na*, il y avait (près). *kulikuwa na*, il y avait (vers).	9e CL. *hamna*, il n'y a pas (dedans). *hapana*, il n'y a pas (près), *hakuna*, il n'y a pas (vers).

II. *Avoir* JOINT A UN PRONOM RÉGIME.

Lorsqu'en français le verbe avoir a un pronom personnel régime, ce pronom devant se joindre à *na*, se rend en kiswahili par le relatif, comme on l'a vu plus haut.

VERSION. — Ndimi niliyejenga nyumba yangu. — Ndio huo ugari wangu. — Ndipo hapo bondeni alipokufa babangu. — Ndiyo maalagi mazuri. — Ndinyi mnekata mti huu ? Si sisi. — Ndiwe unafanya mavumbi, Simi. — Siyo sufuria ya wazungu. — Ndipo hapa shingoni walipomfunga. — Ndiyo makapi ya muhindi niliotwanga. — Sicho kisu changu ? — Ndiye huyu ajuaye kupiga konde. — Siyo uji wako ? — Ndizo doana ngema. — Sarueli hii yako ? ndiyo hiyo. — Ndipo hapa kifuani walipompiga. — Ndicho chumba kizuri. — Ndicho hiki kitambaa cha meza. — Ndimo humu ninamolala. — Ndipo hapa ninapokaa. — Ndilo hilo tunda zuri. — Ndiyo hipo matunda manene. — Ndipo mahali pema. — Kikombe hiki changu ? -ndicho hicho — Huyo ndiye

AFFIRMATIF	NÉGATIF
Ninao, je l'ai (*mti*).	*Sinao*, je ne l'ai pas (*mti*).
ninayo, je les ai (*miti*).	*sinayo*, je ne les ai pas(*miti*)
unayo, tu l'as (*ngoma*).	*hunayo*, tu ne l'as pas.
unazo, tu les as (*ngoma*).	*kumazo*, tu ne les as pas.
anacho, il l'a (*kisu*).	*hanacho*, il ne l'a pas (*kisu*)
anavyo, il les a (*visu*).	*hanavyo*, il ne les a pas(*visu*)
tunalo, nous l'avons (*kasha*)	*hatunalo*, nous ne l'avons pas (*kasha*).
tunayo, nous les avons (*makasha*).	*hatunayo*,nous ne les avons pas (*mashaka*).
mnao vous l'avez (*wembe*).	*hamnao*, vous ne l'avez pas (*wembe*).
mnazo, vous les avez (*nyembe*). etc.	*hamnazo*, vous ne les avez pas (*nyembe*). etc.
Nimekuwa nazo, je les ai eus (*ngoma*).	*Sikuwa nao*, je ne l'avais pas (*mti*).
umekuwa nalo, tu l'as eue (*kasha*).	*hukuwa nayo*,tu ne les avais pas (*miti*).
tutakuwa nacho, nous l'aurons (*kisu*).	*hajawa nalo*, il ne l'avait pas encore (*kasha*).
mngalikuwa navyo, si vous les aviez eus (*visu*).	*hatutakuwa nazo*, nous ne les aurons pas (*nyembe*)
wakiwa nayo, *si* vous l'avez (*ngoma*) Etc.	*hatungekuwa nacho*, si nous ne l'avions pas(*kisu*)

---

mtu hodari. — Hawa ndio watu thaifu. — Ndiyo ungo mpana. — Ndio unga mweupe. — Ndilo hilo jino linaloniuma. — Ndizo nguo nzuri.

Exercice 43.

Asali, sirop, miel. — *gongo*, *ma-*, bâton. — *kipimo*, *vi-*, mesure. — *kofia*, coiffure. — *mwendo*, *mi-*, marche, voyage. — *mwezi*, *my-*, mois, lune. — *nafasi*, espace,

III. Verbe *avoir* joint a un relatif.

Avec le verbe avoir, le relatif se joint de la même manière qu'avec les autres verbes ; il s'intercale après les particules de temps, au passé *-li-* et au futur *taka* ; ou bien, sans se servir d'aucun signe de temps, on emploie la forme *niliye, uliye,* etc. (voyez page 105).

AFFIRMATIF	NÉGATIF
Niliye na kisu, moi qui ai un couteau.	*Nisiye na,* moi qui n'ai pas.
uliye na mkuki, toi qui as une lance	*usiye na,* toi qui n'as pas.
(mti) ulio na matawi, qui a des branches.	*(mti) usio na,* (l'arbre) qui n'a pas.
(kisu) kilicho na mpini, qui a un manche.	*(ngoma) isiyo na,* (le tambour) qui n'a pas.
(tawi) lililo na majani, qui a des feuilles.	*(kisu) kisicho na,* (le couteau) qui n'a pas.
niliyekuwa na, moi qui avais,	*(visu) visivyo na,* (les couteaux) qui n'ont pas.
utakayekuwa na, toi qui auras, etc.	*matawi yasiyo na,* (les branches) qui n'ont pas, etc.

---

place, temps, opportunité. — *neno,* mot, chose : plur. *maneno,* langage, discours, affaires. — *nyoka,* serpent. — *ukanda, kanda,* courroie.

VERSION. Ndugu yangu ana kofia nyekundu mpya. — Sina nafasi ya kutembea. — Sikuwa na gongo, na nyoka aliniuma. — Mwezi huu sitakuwa na asali. Tumekuwa na maneno mengi. — Huna kipimo ? — Vyatu vyangu havina kanda. — Nyoka huyu hana meno mabaya. — Mwendo huu utakuwa na misiba mengi. — Singalikuwa na maneno makubwa, ningalikwenda kuteza-

Lorsque le relatif est régime, il faudrait exprimer en même temps le pronom personnel régime correspondant au relatif ; mais comme avec *kuwa na*, le pronom personnel régime est rendu par le relatif, il se trouve que le relatif est exprimé deux fois : une fois après *na*, pour le pronom personnel régime et une autre fois avec le verbe *kuwa*, pour le relatif. Au présent affirmatif il faut toujours se servir de la forme *niliye, uliye,* et à tous les temps du négatif, *nisiye, usiye,* etc.

kisu nilicho nacho, le couteau que j'ai.
kisu nisicho nacho, le couteau que je n'ai pas.
visu ulivyo navyo, les couteaux que tu as.
visu usivyo navyo, les couteaux que tu n'as pas.
ngoma tulizo nazo, les tambours que nous avons.
ngoma tusizo nazo, les tambours que nous n'avons pas.
miti mliyo nayo, les arbres que vous avez.
miti msiyo nayo, les arbres que vous n'avez pas.

---

ma ndugu yangu. — Hawana asali. — Sina neno. — Hamna ugali ? Hatukuwa na hema. — Nyundo hii haina mpini. — Sina makaa kufanya misomari. — Ningekuwa na gongo ningempiga mtumwa mvivu huyu. — Sijaua na bunduki. — Nina baruti sina bunduki. — Ukiwa na nafasi kutoka, njoo kuniona. — Usipokuwa na mkuki, twae gongo langu. — Kasia lako halina mpini. — Ndoo hizi hazina mkono.

Exercice 44.

Chuma vi-, fer. — *chura vi-,* grenouille. — *fataki,* capsule. — *fundi ma-,* maître ouvrier, ouvrier habile. — *kifa vi-,* cheminée de fusil. — *kushoto,* gauche. — *matandiko,* literie, couvertures. — *mchele,* riz nettoyé et débarrassé de son enveloppe. — *mtambo mi-,* ressort en métal, batterie de fusil. — *mwitu,* forêt.

wembe niliokuwa nao, le rasoir que j'ai eu *ou* que j'avais.
visu ulivyokuwa navyo, les couteaux que tu avais.
nyumba tutakazokuwa nazo, les maisons que nous aurons.
kasha mtakalokuwa nalo la caisse que vous aurez.
mti watakaokuwa nao, l'arbre qu'ils auront.

Article 2. — Différentes sortes de verbes.

On peut, en kiswahili, distinguer deux grandes divisions du verbe : 1° le verbe à sa forme simple ou primitive ; 2° les verbes dérivés. Les verbes dérivés se forment du verbe simple ou primitif ; ils sont au nombre de cinq : les verbes APPLICATIFS, PASSIFS, CAUSATIFS, NEUTRES et PRONOMINAUX. Dans cinq paragraphes nous examinerons et la manière dont ils se forment du verbe simple, et leur signification particulière.

VERSION. — Una matandiko yangu ? ninayo. — Mwenzako ana fataki ? -anazo. - Fundi hana chuma kufua misomari ? -atakuwa nacho. - Kitanda changu hakina matandiko : -kimekuwa nayo.– Mtu huyu hana mkono wake wa kushoto : -hanao. — Bunduki yangu haina mtambo ?-ilikuwa nao ; haina kifa itakuwa nacho. — Hukuwa na gongo ? ningalikuwa nalo ningalipiga nyoka. — Mtoto wako ana mshale tezame asiwe nao. — Utakuwa na chuma ?-nitakuwa nacho. — Vyura hawana meno ? hawanayo. — Ndugu wangu ana mchele tele. — Wapagazi wana chakula ? wanacho. — walikuwa nacho, — watakuwa nacho.— tutatezama wawe nacho.— Watumwa wako hawana fataki ? wamekuwa nazo. — Ninao mchele mzuri. — Una saa ? — sinayo ; sijawa nayo, nitakuwa nayo nzuri ; nikiwa nayo, nitakwambia ; nisipokuwa nayo, nitaondoka.— Chuma hiki kinayo kutu tele.

§ 1. Verbes applicatifs.

I. — Les verbes applicatifs se forment du verbe simple en insérant *i* ou *e* devant l'*a* final du verbe. On met *i*, lorsque la voyelle de la syllabe précédente est *a*, *i* ou *u* ; et *e*, lorsque la voyelle de la syllabe précédente est *e* ou *o*.

Kupanda, montrer.	*kupandia* monter à, sur, etc.
kupiga, frapper.	*kupigia*, frapper à, sur, etc.
kutupa, jeter	*kutupia*, jeter à, sur, vers, etc.
kuleta, apporter.	*kuletea*, apporter à, vers, etc
kuomba, demander.	*kuombea*, demander, à, pour etc.

REMARQUE 1re. — Lorsque le verbe est terminé par deux voyelles, on intercale *-l-*.

Exercice 45.

Homa, fièvre. — *kadiri*, mesure, capacité. modération. — *keke*, foret, mèche. — *koo ma-*, gorge, gosier. — *kundi ma-*, troupeau. — *mpunga*, riz en paille, non battu. — *randa* ; plane, lame de rabot. — *samli*, beurre fondu. — *siagi*, beurre frais.

VERSION. — Mtu yule aliye na koo nene. — Mpunga wangu uliokuwa na majani mengi haukuzaa. — Mbavu za mbuzi zilizo na nyama tele. — Utaniambia kadiri uliyo nayo mti huu. — Makundi makubwa aliyokuwa nayo ndugu yangu.— Utaleta siagi utakayokuwa nayo. — Homa niliyokuwa nayo wakati ule ulipofika huku. — Randa niliyo nayo. — Samli aliyo nayo mamangu. — Lete chungu kile kilicho na siagi. — Rafiki yako aliyekuwa na homa. Amekwosha mtungi uliokuwa na samli. — Utaona keke mpya nilizo nazo. Makundi utakayokuwa nayo. Keke alizo nazo fundi. — Mpunga alio nao ndugu yangu. — Samli aliyokuwa nayo mtu yule.— Alitwaa vifa nilivyokuwa navyo. — Mtakata matawi ya

Kuzaa, produire. *kuzalia*, produire à, pour, etc.
kusikia, entendre. *kusikilia*, entendre pour, au sujet de, etc.
kufungua, délier. *kufungulia*, délier pour, etc.
kutoa, donner, livrer. *kutolea*, donner pour, livrer à, etc.
kutembea, se promener. *kutembelea*, se promener pour, au sujet de, etc.

REMARQUE 2e. — Lorsque le verbe est terminé par *i*, *u*, la forme applicative se fait en *ia*.

Kufasiri, expliquer. *kufasiria*, expliquer à, etc.
kuharibu, détruire. *kuharibia*, détruire pour, etc.

REMARQUE 3e. — Aux verbes terminés en *au*, on ajoute *lia*.

Kusahau, oublier. *kusahaulia*, oublier pour, etc.
kutharua, mépriser. *kutharaulia*, mépriser pour, etc.

---

mti yaliyo na majani. Tumeona nyumba zilizo na madirisha mazuri. — Mtafanya kisima kitakachokuwa na maji tele. — Mtoto wangu amevunja kikombe kizuri nilichokuwa nacho. — Ndugu yangu alitupa saa aliyokuwa nayo.

Exercice 46.

Agiza ku-, commissionner, donner ordre de. — *badili ku-*, changer. — *cheka ku-*, rire. — *chimba ku-*, creuser, piocher pour arracher. — *iba ku-*, voler. — *itika ku-*, répondre (quand on est appelé). — *kasirika ku-*, se fâcher, s'affliger. — *nyanganya ku-*, dérober, prendre par la force. — *sadiki ku-*, croire. — *funua ku-*, ouvrir un livre, découvrir.

REMARQUE 4e. — Quand le verbe est terminé en *e*, la forme applicative se construit en *ea*.

Kusamehe, pardonner.	*kusamehea*, pardonner à, etc.
kustarehe, demeurer tranquille	*kustarehea*, demeurer tranquille pour, etc.

REMARQUE 5e. — Quelques verbes applicatifs se construisent plus ou moins régulièrement.

Kufa, mourir.	*kufia* ou *kufila*, mourir pour etc.
kuja, venir.	*kujia* ou *kujilia*, venir vers, etc.
kula, manger.	*kulia*, manger pour, avec, etc.
kunya, tomber (pluie).	*kunyea*, tomber sur, à, etc.
kunywa, boire.	*kunywea*, boire à, avec, etc.
kuwa, être.	*kuwia*, être pour, à, etc.
kuuza, vendre.	*kuuzia*, vendre à, pour, etc.

VERSION. — Mtu wako ameniletea barua yangu. — Punda mke wangu alinizalia watoto wanne. — Wakamwibia nguo zake zote wakamwacha mtupu njiani. — Utanibadilia shanga hizi mgini. — Ninapomwita haniitikii neno. — Waana hawa wanamlilia baba yao. — Baba yangu amenikasirikia. — Watumwa watatuchimbia viazi. Walininyanganyia pembe nyingi wakamletea bwana wao. — Tufunulie chombo hiki. — Akanifasiria maneno yote aliyoyasikia. — Tutakwenda sokoni na tutakubadilia nguo hii. — Usimsadikie killa mtu. — Mkiniombea bwana wangu atanisamehea. — Nikikuagizia kitu nisikilize. — Watoto wanaomchekea mzee huyu ni wabaya. — Ukienda kule nitakukasirikia. — Watu wangu wameniibia mikuki miwili, na bunduki tatu. — Atakuchimbia muhogo. — Nitakufunulia kitabu. — Ungaliniagizia ma-

II. — Ces verbes sont appelés applicatifs, parce qu'ils servent à appliquer, à une personne ou à une chose, l'action marquée par le verbe à sa forme simple : *kuletea*, apporter à quelqu'un *ou* pour quelqu'un. Toutes les prépositions dont on se servirait dans ce cas en français, sont contenues dans le verbe.

Pour avoir le vrai sens de cette forme, il faut d'abord bien connaître la signification du verbe simple, puis examiner le contexte. Car des sens bien différents peuvent être donnés par la même forme, et l'action du verbe peut être appliquée à, pour, en faveur de, contre, au sujet de quelqu'un ou de quelque chose. Ainsi *kwenda* veut dire simplement : aller ; *kwendea*, peut signifier : aller vers, pour, au sujet de, contre, auprès de, etc., quelqu'un ou quelque chose ; le contexte seul indique laquelle de ces significations il faut prendre.

---

futa, ningalikupelekea. — Mkinichekea nitawapiga, nitawatupia mawe. — Waana wangu walinijilia njiani. — Mtu akiwa na ugonjwa anijilie. — Ndiye huyu aliyetuliza mtoto yule. — Utatuliza mbuzi moja ? sitakuliza kitu.

Exercice 47.

Chinja ku-, égorger. — *kanyaga ku-*, fouler aux pieds, marcher sur. — *kokota ku-*, traîner. — *kusanya ku-*, réunir, rassembler, ramasser. — *lima ku-*, cultiver. — *nyoa ku-*, raser. — *seta ku-*, écraser. — *tangulia ku-*, précéder. — *Tia ku-*, placer. — *zika ku-*, enterrer.

NOTA. — Après un verbe passif, PAR est rendu par *na*

§ 2. Verbes passifs.

Le passif des verbes se fait en insérant un *w* devant l'*a* final.

Kupenda, aimer.	*Kupendwa*, être aimé.
napenda, j'aime.	*napendwa*, je suis aimé.
kufunga, fermer.	*kufungwa*, être fermé.

REMARQUE 1re. — Le passif des verbes terminés par deux voyelles se tire de leur forme applicative ; mais il garde le sens passif de la forme simple.

Kutwaa, prendre (*kutwalia*)	*Kutwaliwa*, être pris.
kuchukua, emporter (*kuchukulia*.)	*kuchikuliwa*, être emporté

Deux verbes dissyllabiques font exception ; quoique terminés par deux voyelles, ils font leur passif en ajoutant *wa* à la forme simple.

Kuua, tuer.	*Kuuawa*, être tué.
kufua, battre.	*kufuawa*, être battu.

REMARQUE 2e. — Le passif des verbes terminés par *e*, *i*, *u* et *au* se tire aussi de la forme applicative, et a le sens passif de la forme simple.

VERSION. — Alipigwa ne wenzake akakasirika. — Ngombe kumi wamechinjwa. — Mbuzi kumi na tano watachinjwa na babangu. — Mpunga wangu umekanyagwa na makundi yako. — Haungalikanyagwa ungalikuwa mzuri. — Ngombe aliyekufa huku amekokotwa na chui mwituni. — Atakokotwa na nyama za mwitu. — Mti huu umekokotwa na watu watano. — Baharia wote wamekusanywa na nahoza. — Kuni nyingi zimekusanywa na wapagazi kufanya moto usiku. — Mtoro wetu hangaliuawa mwituni angalirudi. — Nguo hizi zili-

Kufasiri, expliquer (*kufasiria*).	*Kufasiriwa*, être expliqué.
kusamehe, pardonner (*kusamehea*).	*kusamehewa*, être pardonné.
kuharibu, détruire (*kuharibia*).	*kuharibiwa*, être détruit.
kusahau, oublier (*kusahaulia*).	*kusahauliwa*, être oublié.

Remarque 3e. — Les verbes monosyllabiques et quelques dissyllabiques font leur passif plus ou moins régulièrement.

Kula, manger.	*kuliwa*, être mangé.
kunywa, boire.	*kunywewa*, être bu.
kupa, donner.	*kupawa*, *kupewa*, être donné.

Les autres verbes monosyllabiques : *kufa*, mourir, *kuja*, venir, *kunya*, tomber, étant neutres, n'ont pas de passif. *Kuwa*, être, ne peut non plus en avoir.

§ 3 Verbes causatifs.

I. — Les verbes causatifs se forment du verbe simple ou primitif, en changeant l'*a* final en sha ou en *za*, selon que l'usage indique l'un ou l'autre.

---

fuawa na watu wasiojua. — Mashamha yote hulimwa na watumwa. —Shamba langu litalimwa na watu wanaojua. — Umenyolewa na mjinga. — Utakapokwisha kunyolewa utakuja. — Kidole chake kimesetwa na jiwe kubwa. — Asipoangalia mguu wake utasetwana mti huu. — Tutatanguliliwa na vijana.— Msitanguliliwe na watu wangine — Nyama ikitiliwa huku haitatwaliwa na paka. — Viti vimetiliwa mlangoni na mtoto wako.—Watu wengi hawa-

Kujaa, se remplir.	*Kujaza*, remplir (sens act.)
kuingia, entrer.	*kuingiza*, entrer (sens act.)
kuondoa, enlever.	*kuondosha*, faire enlever.

REMARQUE 1re. — Lorsque l'*a* final est précédé d'une consonne, la forme causative se fait du verbe applicatif.

Kupanda, montrer (sens neutre).	*Kupandisha*, montrer (sens actif).
kuuma, faire mal (sens neutre).	*kuumiza*, faire mal (sens actif).

REMARQUE 2e. — Lorsque le verbe est composé en *ka*, on change *ka* en *sha*.

Kuwaka, flamber, s'allumer	*Kuwasha*, allumer.
kuvuka, traverser.	*kuvusha*, faire traverser.
kuanguka, tomber.	*kuangusha*, faire tomber.
kukumbuka, se rappeler.	*kukumbusha*, rappeler (act.)

REMARQUE 3e. — Si le verbe est terminé en *ta*, on change *ta*, en *sa*.

Kufuata, suivre.	*Kufuasa*, faire suivre.
kutota, enfoncer	*kutosa*, enfoncer (etc.)

---

zikwi. — Atazikwa na waana wake. — Hatazikwa na mtu. — Mgi huu umeharibiwa na wageni.

Exercice 48.

Chemka ku-, bouillir. — *chukia ku-*, s'offenser, avoir en aversion, haïr. — *geua ku-*, tourner (neutre). — *inama ku-*, se baisser, plier (neutre), courber (neutre). — *kimbia ku-*, se sauver, fuir. — *pona ku-*, guérir (neutre). — *shuka ku-*, descendre (neutre). — *ungua ku-*, brûler (neutre). — *vuka ku-*, traverser. — *zoea ku-*, s'accoutumer.

REMARQUE 4e. — Pour les verbes terminés par *e*, *i*, *u*, la forme causative se tire de la forme applicative.

Kuharibu, détruire (*kuharibia*).	*Kuharibisha*, faire détruire.
kurudi, revenir (*kurudia*).	*kurudisha*, faire revenir.
kusamehe, pardonner (*kusamehea*).	*kusamehesha*, faire pardonner.

II. SENS DE LA FORME CAUSATIVE. — Lorsqu'un verbe est en français, à la fois NEUTRE et ACTIF, ou bien PRONOMINAL et ACTIF, le sens neutre ou pronominal est indiqué en kiswahili par la forme simple, et le sens actif par la forme causative.

Kupanda, monter (sens neutre).	*Kupandisha*, monter (sens actif).
kupungua, diminuer (sens neutre).	*kupunguza*, diminuer (sens actif.)
kutembea, se promener (pronom.)	*kutembeza*, promener.
kukumbuka, se rappeler (pronom.)	*kukumbusha*, rappeler.

Mafuta yamepungua katika saani, le beurre a diminué dans l'assiette.

Punguze nyama, diminue la viande.

VERSION. – Mtoto hajachemsha maji ?— Usipochemsha nitakupiga. — Usichukize wenzako. — Hangalichukiza wenzake hangalipigwa. — Sichukizi mtu. Mwana huyu mbaya siku zote achukiza babake. Hukugeuza nguo ya meza. Utageuza matandiko yaliyo juani. — Wakageuza tanga. Tutainamisha matawi ya mti tupate matunda. — Dawa hili litakuponesha. — Chui alitukimbiza wote. — Tukawapiga tukawakimbiza.

Lorsque le verbe kiswahili, à sa forme simple, répond à un verbe seulement ACTIF, NEUTRE ou PRONOMINAL en français, la forme causative lui donne le sens du verbe faire, devant un infinitif en français.

Kuvuka, traverser (actif). *Kuvusha*, faire traverser.
kuanguka, tomber (neutre). *kuangusha*, faire tomber.
kutubu, se repentir (pronom) *kutubisha*, faire se repentir.

§ 4. Verbes neutres.

Tous les verbes qui ont le sens neutre, qu'ils aient en français la forme neutre, comme : dormir, naître, ou la forme passive comme : être aveugle, ou la forme pronominale, comme : se déchirer, se rendent en kiswahili par la forme neutre, qui s'obtient en changeant la finale en *ka*.

Kupasua, déchirer. *Kupasuka*, se déchirer.
kufungua, ouvrir. *kufunguka*, s'ouvrir, être ouvert.
kupofua, aveugler. *kupofuka*, être aveugle.

REMARQUE 1re. — Si l'*a* final est précédé d'une consonne, le verbe neutre se construit de la forme applicative.

— Watu wale ni hodari watawakimbiza. — Mbwa huyu hodari, akimbiza fisi. — Shusheni mti ule. — Mtaleta watu watuvushe mtoni. — Baharia na nahoza watavusha wapagazi na mizigo. — Wenzake watamzoeza. — Tutamzoeza. — Mtoto moja atakaa shambani kukimbiza ndege. — Ninatembeza ndugu yangu ndogo. — Watu wa Ujiji watembeza watumwa kwanza siku zote. — Paka aliangusha maziwa.

Kuvunja, briser *(kuvuujia)* — *Kuvunjika*, se briser.
kukata, couper *(kukatia)*. — *kukatika*, se couper (une étoffe qui se coupe).

Remarque 2e. — Il en est de même des verbes terminés par *e*, *i* ou *u*.

Kusamehe, pardonner *(kusamehea)*. — *Kusameheka*, se pardonner (être pardonnable).
kubadili, changer *(kubadilia)*. — *kubadilika*, se changer (être changeable).
kuharibu, détruire *(kuharibia)*. — *kuharibika*), se détruire, se gâter.

Remarque 3e. — Si le verbe est terminé en *sha*, on change *sha* en *ka*.

§ 5. Verbes pronominaux.

I. Verbes pronominaux actifs. — La forme pronominale, lorsque le sujet fait réellement sur lui-même l'action marquée par le verbe, s'obtient en intercalant la particule *ji* avant le radical du verbe.

Kupenda, aimer. — *Kujipenda*, s'aimer.
kuficha, cacher. — *kujificha*, se cacher.
kukata, couper. — *kujikata*, se couper.

Exercice 49.

Changanya ku-, mélanger, mêler. — *ch'oma ku-*, poignarder, percer, piquer, rôtir, griller, mettre le feu, cuire de la poterie. — *gawa* ou *gawanya ku-*, partager. — *kubali ku-*, accepter, consentir à. — *kuta ku-*, rencontrer, rejoindre, trouver. — *levya ku-*, enivrer. — *okoa ku-*, se sauver, échapper à un danger. — *toboa ku-*,

II. VERBES PRONOMINAUX RÉCIPROQUES. — Lorsqu'il y a réciprocité, la forme pronominale s'obtient en changeant l'*a* final du verbe en ana.

Kupenda, aimer.	*Kupendana*, s'aimer (réciproquement).
kupiga, frapper.	*kupigana*, se frapper (réciproquement).

REMARQUE. — Lorsque le verbe simple est terminé par *e*, *i*, *u*, cette forme se tire de la forme applicative.

Kusadiki, croire (*kusadikia*).	*Kusadikiana*, se croire (réciproquement).

NOTA. — Lorsque cette forme est construite de la forme en *ka*, elle indique que l'action marquée par le verbe est possible ou faisable.

Kupata, procurer (*kupatika*).	*Kupatikana*, être procurable.
kutambua, reconnaître (*kutambulika*).	*kutambulikana*, être reconnaissable.
kuona, voir (*kuoneka*).	*kuonekana*, être visible.

On dit de même en français, qu'une chose se reconnaît, se voit, dans le sens qu'elle est reconnaissable, visible.

---

percer. — *tuma ku-*, employer, envoyer pour quelque affaire. — *ziba ku-*, boucher, fermer, remplir un trou.

VERSION. — Mtoto wangu alijilevya akajificha. — Mtungi huu watumika jikoni. — Mtu mmoja amejichoma. — Maneno yale hayakubaliki. — Mafuta na

CHAPITRE VI

ADVERBES

En kiswahili, l'adverbe se place généralement après le mot qu'il modifie.

Voici la liste des adverbes les plus usités.

I. — Adverbes de manière ou de qualité.

Burre, en vain, inutilement.

Amefanya kazi burre, il a travaillé en vain, pour rien.

Je ? comment ? (joint au verbe).

Umesemaje ? comment as-tu dit ?
Umefanyaje ? comment as-tu fait ?

Ghafala ou *ghafula*, tout à coup, inopinément.

Nalimkuta ghafula, je le rencontrai inopinément.

Halisi, exactement.
Hima, vite.

Njoo hima, viens vite.

Kabisa, complètement, entièrement, tout à fait, jamais.

Utaukata mti huu kabisa, tu couperas cet arbre tout à fait.

Sitarudi habisa, je ne viendrai plus jamais.

---

maji hayakuchanganyika humu. — Vitu vyote vimechanganyika. — Mali yote yatagawanyika. — Vitu visipogawanyika vitaharibika. — Tutakutana sokoni. — Hamkukutana ? — Wakikutana watapigana. — Ua ume toboka. — Nguo zitatoboka. — Ukuta wa mawe hauto-

Kama ou *kana*, comme, de même que.

Kisu hiki kizuri kama kile, ce couteau-ci est beau comme cet autre.

Khassa, exactement, bien juste.

Asema kiswahili khassa, il parle bien le kiswahili.

Kimya, kimya kimya, en silence, secrètement.
Kwaje ? comment ?
Marra, immédiatement.
Mbio, à la course, en courant.

Piga mbio, cours.

Pia, complètement, Souvent à *pia*, on joint *ote* pour renforcer le sens : *pia yote*, complètement, tout à fait, entièrement, le tout.
Pole pole, doucement, lentement, avec précaution.

Akaenda pole pole, et il s'avança doucement.

Salama, sain et sauf.
Sana, employé pour donner de l'intensité à l'action marquée par le verbe ou l'adjectif, peut être traduit en français d'un grand nombre de manière, et remplacer beaucoup de nos adverbes.

---

boki. — Njia hii imezibika. — Njia hii itazibika wasipopita watu. — Shimo hili halizibiki. — Kisima kile kimezibika. — Watu wote waliokoka. — Mtumbwi ulitota baharia hawakupata kuokoka. — Ikapomoka nyumba akaokoka mtu moja. — Mashauri ya babako mazuri yakubalika. — Shanga hizi hazibadiliki sokoni. — Ndugu yangu haonekani siki hizi.

Sema sana, parlez haut.
penda sana, aimez bien.
vuta sana, tirez fort.
mbaya sana, tout à fait mauvais.
mrefu sana, très long.
nyumba yavuja sana, il pleut beaucoup dans la maison.

Sawasawa, pareil, égal, uni, poli, horizontal, tout à fait le même.

Taratibu ou *tartibu*, doucement, avec précaution, avec soin, avec tact.

Mtu wa akili afanya tartibu, un homme intelligent agit avec précaution.

Stahamili, patiemment.

Tu, seulement, uniquement, simplement, rien que cela.

Upesi, vite, rapidement

Twendeni zetu upesi, allons-nous en vite.

Vilevile, de la même manière, pareillement.

On peut former beaucoup d'autres adverbes avec des adjectifs, en leur préfixant *vi* ou *vy*.

Amefanya vibaya, il a mal agi.
Anuka vizuri, il sent bon.

Exercice 50.

Asikari, pl. *asikari* ou *waasikari*, soldat. — *dudu*, insecte. — *giza*, ténèbres. — *nzi*, *ma-*, mouche. — *vita*, guerre.

Azima ku-, prêter. — *azimua ku-* emprunter. — *chuma ku-*, cueillir, plumer. — *panga ku-*, louer une maison. — *sinzia ku-*, sommeiller.

VERSION. — Mtakula nini ? dudu wameharibu kabisa chakula. — Tutarudi upesi tusipate giza njiani. — Giza tupu humu nymbani, washe hima taa. — Amesemaje

Les substantifs et les verbes à l'infinitif peuvent aussi être employés adverbialement, au moyen de *kwa*.

Kwa ukaidi, obstinément, opiniâtrément.
Kwa makusudi, à dessein, volontairement.
Kwa kujua, sciemment.

II. — Adverbes de lieu.

Chini, dessous, en bas, par terre.

Tezama chini, regarde dessous.
Amecanguka chini, il est tombé à terre.

Juu, dessus, en haut, sur.
Karibu, proche, près.
Mbali, loin, au loin.
Mbele, devant, au-devant, sur le devant.

Utakwenda mbele, tu marcheras devant.
Ukae mbele, reste devant.

Ndani, dans, dedans.

Yumo ndani, il est dedans.

Nje, dehors, en dehors.

Yuko nje, il est dehors.

---

sikusikia vyema. — Nataka kupanga nyumba kubwa kama ile ya Saidi. — Asikari hawa hawajui kabisa kufanya vita. — Tumechuma kabisa matunda yetu. — Nikikaa mara nasinzia. — Sikuazima nguo kabisa. — Nimeazima tu jembe langu sikuliuza. — Mainzi mara yatajaza mtungi. — Usipige mbio, ende pole pole. — Utakwenda sokoni, mara utarudi. — Wakakaa kimya kimya. — Wafanya vita burre. — Punda huyu aenda mbio. — Mtu huyu haazimi kabisa. — Babangu ajua kufanya taratibu. — Ndugu yangu ameazimua sana. — Usiku dudu nyingi

Nyuma, derrière, par derrière (comme adverbe de temps : depuis).

Utafuata nyuma, tu suivras par derrière.

Panginepo, ailleurs.

Wapi, où ? ne doit s'employer qu'avec interrogation.

Umekwenda wapi, où es-tu allé ?
Unatoka wapi ? d'où sors-tu ?
Yu wapi ? ou est-il ?

NOTA. — Avec *wapi ?* le verbe *être* est représenté par le pronom personnel sujet, seul ou joint à *mo*, *po*, *ko* ; s'il y a un nom, le nom doit suivre.

Zi ou *ziko wapi bunduki ?* où sont les fusils ?
Vi ou *viko wapi visu ?* où sont les couteaux ?

S'il s'agit simplement d'exprimer le lieu où l'action se fait, s'est faite ou se fera, sans interrogation, *où* se rend par un des relatifs de la 9e classe, *mo*, *po*, ou *ko*, suivant le sens, joint au verbe. Nous avons vu, plus haut, la manière de joindre le relatif au verbe.

---

sana zinatoka.— Nitaunda mashua vile vile na hii — Fundi ajua kupasua mbao sawa sawa kabisa. — Mtumwa huyu mbaya amevunja chungu changu kwa makusudi. — Punda yangu hataki kufuata njia kwa ukaidi.— Umesema vyema. — Nimechuma pilipili tu, sikuvunja matawi. — Ukifanya vyema, utapewa nguo mbili. — Mtakata vile vile miti hii miwili. — Wakangoja stahamili. — Nitakupiga mara ya pili vile vile. — Amekaa tu, hakusema neno lolote. — Asikari walichoma nyumba zote pia.

Simjui alipo, je ne sais pas où il est.

Namjua anapofanya kazi, je sais où il travaille.

Simjui anakokwenda, je ne sais pas où il va.

Nitakwambia tulikopita, je te dirai où nous sommes passés. — *Nionyeshe nyumba anamolala*, montrez-moi la maison où il dort.

Où, dans ces phrases : où il y a, où sont, peut se rendre de plusieurs manières :

1° Par *enyi*, ayant, qui s'accorde avec le nom précédent en prenant la syllabe CARACTÉRISTIQUE de la classe de ce nom, excepté au singulier de la 1re, de la 2e et de la 6e classe, où il prend le préfixe *mw*.

Mahali penyi miti, l'endroit où il y a des arbres (mot à mot : ayant des arbres).

2° Par le verbe *être*, suivi des relatifs de la 9e classe *mo*, *po*, *ko*, ayant pour sujet les pronoms personnels sujets de cette même classe : *mu*, *pa*, *ku*. — *mulimo*, *palipa*, *kuliko*.

Exercice 51.

Hakika, vérité. — *haraka*, hâte. — *kweli*, vérité, vrai. — *masikini*, pauvre. — *siri*, secret.

Chunga ku-, faire paître. — *finya ku-*, pincer. — *finyanga ku-*, faire de la poterie. — *safiri ku-*, voyager. — *vimba ku-*, enfler.

VERSION. — Masikini akaaye hapa yu wapi ? — Wachunga wapi ngombe zako ? — Naenda mbali kuchunga. — Akanifinya nyuma. — Atasafiri karibu. — Babako yuko wapi ? — Niambie wanapofinyanga vyungu. — Mkono wangu umevimba sana. — Utanikuta mahali ninapochunga. — Usiende ninapochunga. — Seme kweli

Mtungi mulimo maji, la jarre où il y a de l'eau.
Shamba palipo viazi, le champ où il y a des patates.
Inchi kuliko michikichi, le pays où il y a des élaïs.

3° Par le verbe *avoir*, avec un relatif.

Sahani inayo mayayi, l'assiette où il y a des œufs (mot à mot : qui a des œufs).

— Partout, se rend par *po-pote, ko-kote, mo-mote*. Partout où, se rend par *killa*, et on ajoute au verbe un des relatifs de la 9e classe.

Killa nendako, partout où je vais.
Killa nilipo, partout ou je suis.
Killa naingiamo, partout où j'entre.

Nous avons vu, à l'article du verbe *être*, n° III, la manière de rendre les adverbes de lieu, *là, y*, quand ils sont joints au verbe *être*. Avec les autres verbes, ces adverbes, de même que *ici, là-bas, au loin*, se rendent par les pronoms démonstratifs de la 9e classe, *humu, huku, hapa, -mle, pale, kule, humo, huho, hapo*, suivant le sens, et pour préciser davantage, on peut répéter les pronoms comme il a été dit.

Anakaa hapa, il demeure ici. — *Humu*, ici (dedans). — *Papahapa*, ici même. — *Kule*, là-bas, au loin.

---

tu. — Ndiyo hakika, bwana, sikutoka nje. — Wakarudi nyuma kwa haraka. — Aliniambia kwa siri maneno makubwa. — Mti huu umeanguka chini. — Mikuki yangu i wapi ? — Utatafuta mahali penyi majani mabichi. — Twatia hema mahali penyi kivuli. — Wakati ule tulipofika huku. — Wakachoma nyumba tulimolala. — Waijua njia tulikopita ? — Wembe wako uko wapi ? — Ndipo hapa aliponifinya.

III. — Adverbes de temps.

Assubui ou *ussubui*, au matin.

Tutaondoka assubui, nous partirons au matin.

Baada, baada yake, baadaye, après, ensuite, plus tard.

Bado, pas encore ; *bado kidogo*, tout à l'heure, bientôt.

Hajaja bado, il n'est pas encore arrivé.

Dayima, toujours. Peu employé ; on se sert plutôt de *siku zote*.

Jana, hier. Joint à mois, année, il désigne le mois, l'année, qui vient de s'écouler.

Mwaka jana, l'année dernière.

Jioni, soir, sur le soir.

Juzi, avant-hier. Joint à mois, année, il désigne l'année, le mois avant-dernier.

Mwaka juzi, l'avant-dernière année.

Halafu, ensuite, tout à l'heure.

Kale, autrefois, dans l'ancien temps.

Kesho, demain ; *kesho kutwa*, après-demain.

Exercice 52.

Barua, lettre, écrit, note, billet. — *hasara*, perte. — *mwivi, wa*, voleur. — *mchezo, mi-*, jeu, moquerie. — *shaka*, doute.

Anza ku-, commencer. — *chovya ku-*, tremper dans l'eau. — *shinda ku-*, vaincre, séjourner, persévérer à. — *teleza ku-*, glisser. — *tua ku-*, abaisser, déposer un fardeau.

Kiisha, ensuite, après, quand vous aurez fini, alors.

Pangusa sahani kwanza, kiisha utanifuata, essuie d'abord les assiettes, ensuite tu me suivras.

Kwanza, d'abord, avant, auparavant.

Leo, aujourd'hui.

Lini ? quand ?

Mapema, de bonne heure.

Utakuja kesho assubui na mapema, tu viendras demain de bonne heure.

Marra ou *mara moja*, d'une seule fois, tout d'un coup.

Mara kwa mara, de temps en temps.

Mara nyingi, souvent, plusieurs fois.

Milele, éternellement.

Mtondo, jour qui suit après-demain ; *mtondo goo*, le jour suivant le *mtondo*.

Mwisho, à la fin, en dernier lieu (substantif employé adverbialement)

Sasa, maintenant.

Sasa hivi, de suite, immédiatement, sans retard.

Tena, ensuite, désormais.

VERSION. — Ndugu yangu atajenga papahapa. — Mama yako atakwanza kulima pale. - Utarudi huku? — Alikuwamo nyumbani, nimemwona.—Nipo hapa. - Nitapeleka barua kesho assubui na mapema. Jana nimepata hasara kubwa, waivi kwanza walitoboa ukuta, wakaiba tena mali yangu yote pia, mwisho wakachoma nyumba. - Utachovya hima ngozi upate kufunga matete sasa hivi. — Ntashinda leo na kesho, na ntaondoka kesho kutwa. — Mwaka jana tumeshinda papa hapa. — Hapana shaka,

Mali yako yamekupotea, mkewo amekufa, utafanya nini tena ? tu as perdu tes biens, ta femme est morte, que vas-tu faire désormais ?

Nini tena ? quoi ensuite ?

Zamani, autrefois, jadis.

Palikuwa na mtu zamani, jadis il y avait un homme.

IV. — ADVERBES DE QUANTITÉ.

Haba, peu, est aussi employé comme adjectif : *mafuta haba*, peu d'huile.

Kidogo, un peu, en petite quantité.

Ongeza kidogo, augmente un peu.
Nipe kidogo, donne-moi un peu.

Quelquefois un peu est traduit par l'adjectif *dogo*, qui s'accorde avec le nom.

Nipe maji madogo, donne-moi un peu d'eau.

Mno, trop, beaucoup.

Punde, un peu plus.

---

tungalishindwa leo kabisa, hamngalikuja kutusayidia. — Tutatua sasahivi palepale mgini. — Mara moja waliacha mchezo wao wakakimbia. — Joni utanichomea viazi. — Tutatua lini mizigo yetu? — Mara nyingi wapagazi waliteleza, wakaanguka chini. — Chovye kwanza nguo kazifue tena vyema. — Juzi nimeona fisi tatu . — Mtondo ndugu yangu atakwenda kutembea shambani kwake. — Waivi walitwaa mbao zetu, wakazificha halafu. — Nimepita zamani kwako. — Rafiki yetu amekuja ? bado kidogo atakuja. — Kunje nguo hizi, kiisha utaweza kuondoka. — Tutavuka mto lini ? — Tutavuka mtondo goo.— Sikilize kwanza, halafu utasema.— Twekeni tanga kwanza, tena mtalikunja. — Wenzake wamfanya dayima mchezo. — Walishinda siku tatu tu, tena wakaondoka.

Mti mrefu punde, un arbre un peu plus long.
Mti mfupi punde, un arbre un peu plus court.

Tele, beaucoup, abondamment, en grande quantité pour les choses qui ne se comptent pas ; sert aussi à traduire l'adjectif abondant. Beaucoup, signifiant nombreux, se rend par l'adjectif *-ingi,* qui s'accorde en prenant le préfixe de la classe du nom.

Zayidi, plus, davantage.

— Notre adverbe combien, signifiant quelle quantité ? quel nombre ? se rend par *-ngapi,* qui s'accorde avec le substantif, en prenant le préfixe de la classe de ce substantif.

Ameleta makasha mangapi ? combien a-t-il apporté de caisses ?

Combien ? signifiant quel prix ? se rend par *kadri gani ?* ou *kassi gani ?* ou *kiasi gani ?* mot à mot : quelle mesure ?

Signifiant à quel point, combien se rend par *kama* ou *kana.*

Utajua kama nakupenda, tu sauras combien je t'aime.

Exercice 58.

Mchanga, sable. — *mwamba mi-,* rocher. — *Mzizi mi-,* radicelle. — *pwani,* rivage de la mer, sur le rivage. — *shina ma-,* tronc d'arbre, grosse racine.

Juta ku-, regretter, s'affliger de. — *fumba ku-,* fermer (employé pour les yeux, la bouche, les mains, etc.). — *kaanga ku-,* rôtir dans la graisse, frire. — *pepeta ku-,* cribler. — *tapika ku-,* vomir.

V. — ADVERBES D'AFFIRMATION ET DE NÉGATION.

Aee, oui.

Hakika, la vérité, certainement (substantif pris adverbialement).

Kweli, c'est la vérité, c'est vrai (substantif pris adverbialement).

Naam, oui, (mot arabe).

Ndiyo, *ndivyo*, oui, c'est cela, c'est comme cela (employé très fréquemment).

Yakini, certainement.

Les esclaves et les inférieurs, lorsqu'ils reçoivent un ordre, marquent très souvent leur assentiment par ces paroles : *Ee waa* ou *Ee wallah*.

Enenda kumwita mwenzako, va appeler ton compagnon.
Ee wallah bwana, oui, mon maître, *ou* oui, monsieur.

Pour nier, on se sert des expressions suivantes : *Ahaa*, *hahaa*, non.

VERSION. — Mwambie mpishi akaange nyama zayidi kidogo. — Jana ameileta mbichi kidogo. — Nahoza anaona miamba ile iliyo majini ? — Naam, bwana, amekwisha kuiona. — Tutafika pwani ? -ndiyo. — Ndugu yangu alikunywa dawa akatapika mno. — Kiisha kupeta mchele utauweka nyumbani. — Ameleta kombe ngapi ? — Wapagazi wangapi wataondoka leo ? — Unayo makasha mangapi? — Nimenunua mafuta ya ngombe tele. — Nataka watu wengi. — Utauza kassi gani mbuzi huyu ? Huuza pembe kassi gani Ujiji ? — Wataka kiassi gani ? — Ukiweza kupata mizizi mirefu punde, uniletee. — Mashina haya manene mno. — Hakika umemkuta

Hakuna, hamna, hapana, sont les négations les plus généralement employées. On entend aussi quelquefois la négation arabe *la.*

Hasha, point du tout, négation très énergique.

Haifai, présent négatif, avec pronom sujet de la 3e classe, du verbe *kufaa,* convenir, servir à, être utile, avantageux, est souvent employé pour dire qu'une chose ne peut pas, ne doit pas se faire, qu'elle ne convient pas.

Siyo, sivyo, sont les négatifs de *ndyo, ndivyo.*

Si, correspond à notre ne.... pas, ne.... point

Si ingie, n'entre pas.
Si mtu, ce n'est pas un homme.

Ni se rend par *wala* répété.

Hakuleta kitu, wala mkuki, wala kisu, wala bunduki, il n'a rien apporté, ni lance, ni couteau, ni fusil.

On se sert aussi de la négation *la* répétée.

— Le doute s'indique par *labuda* ou *labda,* peut-être, ou par *kwa yamkini* peut-être (mot à mot, avec possibilité).

---

ndugu yangu pwani ? — Hakika, bwana, si uwongo — Nitafumba macho na kinwa, siyo ? —Hasha fumba macho tu si kinwa. — Kiisha kutapika, utapona, in sha Allah. — Haifai kuondoka leo mvua tele itakunya. — Sina chochote, wala nyumba, wala nguo, wala chakula. — Haifai kupiga watu burre. — Nimejuta sana, bwana wangu, unisamehee, sitatoroka mara ya pili kabisa. — Waambie walete miti mifupi punde. — Mti huu haufai mwembamba mno. — Mtumbwi huu ungekuwa mkubwa punde, ungefaa kabisa. — Hamna maji humu. Hapana watu sokoni. — Mtoto ameleta mbuzi ? hakuna bwana. — Hamna moto jikoni.

In sha Allah ! s'il plaît à Dieu, est aussi très employé ; mais cette réponse implique qu'on espère que la chose se fera.

Utakuja kesho ? viendras-tu demain ?

Nitakuja in sha Allah ! je viendrai s'il plaît à Dieu, c'est-à-dire, j'espère venir, s'il n'y a point d'empêchement.

CHAPITRE VII

PRÉPOSITIONS

I° Le kiswahili est très pauvre en prépositions ; il n'en a guère que sept ou huit : *na*, *-a*, *kwa*, *katika*, *tangu*, *toka* ou *tokea*, *hatta* ou *paka*.

Na, avec *ou* par. — C'est au moyen de cette préposition que le régime des verbes passifs doit être relié au verbe.

Atapigwa na bwana wake, il sera frappé par son maître.

Mlango umefungwa nami, la porte a été ouverte par moi.

Kwa, AVEC, pour désigner l'instrument.

Alimpiga kwa kisu, il le frappa avec un couteau.

Exercice 54.

Birika, vase de métal pour contenir de l'eau, bouillotte, fontaine. — *kahawa*, café. — *kombe*, plat profond. — *sinia ma-*, grand plateau rond sur lequel on apporte les plats contenant les mets. — *tabia*, caractère, tempérament, climat.

PAR. *Aliingia kwa dirisha*, il entra par la fenêtre.

POUR. *Utapokea doti kwa mshara wako*, tu recevras un doti pour ta solde mensuelle.

CHEZ. *Nafanya kazi kwa ndugu yangu*, je travaille chez mon frère.

A. AU. *Amekwenda kwa kazi*, il est allé au travail.

-A, de, s'accorde avec le nom précédent. Voyez rapport de deux noms, chap. I, art. 3.

Kisu cha ndugu yangu, le couteau de mon frère.

Katika est employé pour traduire beaucoup de relations : à, vers, en, de, dans, en dehors de, durant, dans le temps que.... Cette préposition a, à peu près, le même sens que le *ni* de la 9e classe.

Tangu, depuis, quand il s'agit du temps.

Tangu siku ngapi ? depuis combien de jours ?

Toka ou *tokea*, depuis, quand il s'agit d'espace.

Toka Unyanyembe, depuis l'Ounyanyembé.

Hatta, jusqu'à, pour le temps et l'espace ; dans ce dernier cas cependant au lieu de *hatta*, on dit souvent *paka*, qui probablement vient de *mpaka* limite, borne.

Toka huku paka kule, depuis ici jusque là-bas.

Chonga ku-, couper, travailler, creuser du bois, etc. — *menya ku-*, peler, écosser. — *tikisa ku-*, secouer. — *tukana ku-*, disputer, insulter. — *zumgumza ku-*, converser.

VERSION. — Tia kombe juu ya sinia, kalete huku. — Wachonga miti kwa mashoka yao madogo. — Tabia ya watu wa inchi hii nzuri sana. — Akatikisa mti kwa nguvu asiangushe matunda. — Amekwenda kuzumgumza kwa rafiki yake. — Tangu jana ananitukana burre. — Birika ya kahawa iko wapi ? iko chini ya meza. — Oshe

2° Manière de rendre quelques prépositions qui n'ont pas de correspondant en kiswahili.

Entre, signifiant au milieu ou l'espace entre deux objets, se rend par *kati* ou *katikati ya*.

Entre les deux arbres, *kati* ou *katikati ya miti miwili*.

Dans ces locutions : entre nous, entre vous, entre eux, entre se rend par *kwa*, joint au pronom personnel.

Ils disputent entre eux, *wagombana wao kwao*.

Sans se rend : 1° par le temps, *sipo*.

Alikula asipokuwapo nduguye, il mangea sans son frère (mot à mot : quand son frère n'était pas là).

2° par une simple négation.

Mti usio na matawi, un arbre sans branches (mot à mot : qui n'a pas de branches).

Hana uoga, il est sans crainte.

3° par le subjonctif négatif.

Aliruka asimkamate, il sauta sans qu'il pût le prendre.

Alitoka nisimwone, il sortit sans que je le visse.

4° par *pasipo*, quand il s'agit de lieu.

Mahali pasipo miti, un endroit sans arbres.

Le temps *sipo* et le subjonctif négatif peuvent servir à rendre encore d'autres prépositions, comme hormis, excepté, malgré, nonobstant, etc.

Nisipotaka, malgré moi.

---

kombe hili kwa maji ya moto, na sugue sinia kwa majifu. — Katika mwezi huu nimeugua mara tatu. — Tangu assubui hatta joni wazumgumza wao kwao. — Toka Tabora paka Ujiji mwendo mwezi mmoja na nusu. — Alitumbukia kisimani. — Hangalitukana wenzake, hangalipigwa na bwana wake. — Mti haupati

Excepté peut aussi se rendre par la préposition arabe *illa*.

Contre, quand il n'est pas rendu par une forme applicative du verbe, peut se traduire par *juu ya*.

Toutes les prépositions qui impliquent l'idée de lieu, se rendent au moyen de *ni* ajouté au nom (9e classe).

Yupo nyumbani, il est à la maison.
Wamemfunga gerezani, ils l'ont mis en prison.
Nakwenda shambani, je vais au jardin.
Toka kisimani, sors du puits.

Toutes les prépositions qui servent à appliquer à une personne ou à une chose l'action marquée par le verbe, comme : à, vers, contre, à l'égard de, au sujet de, etc., se rendent par la forme applicative du verbe.

Kuleta, apporter.	*Kuletea*, apporter à.
kukaribu, approcher.	*kukaribia*, approcher de.
kuja, venir.	*kujia*, venir vers.
kufanya, faire.	*kufanyia*, faire pour, à l'égard de, etc.

---

mizizi isipopiga mvua. — Kiisha kumenya viazi utavitia ndani ya kombe. — Tabia ya wazungu mbali ya tabia ya warabu. — Waambie watu wale watoke hima katika shamba langu. — Tia kahawa juu ya meza. — Akanifungulia mlango. — Siwezi kumenya viasi nisipo na kisu. — Utawezaje kuchonga mti usipo na shoka. — Wakacheza nisipokuwapo.

Exercice 55.

Jirani, le prochain, voisin. — *kivuli vi-*, ombre, fantôme. — *mfano mi-*, ressemblance. — *tamaa*, avarice, avidité, désir ardent. — *usingizi, singizi*, sommeil.

D'autres fois, la préposition est contenue dans le verbe, à sa forme simple.

Kutunza, prendre soin de.
Kupa, donner à.
Kutumbukia, tomber dans.
Kutoroka, se sauver d'un lieu.

Enfin d'autres prépositions sont formées des adverbes en leur ajoutant *ya*.

Karibu, près, auprès	*Karibu ya*, près de, auprès de. On peut aussi dire *Karibu na*.
Juu, dessus.	*Juu ya*, sur, au-dessus de.
Chini, dessous, à terre.	*Chini ya*, sous, au-dessous de
Mbele, devant, au-devant.	*Mbele ya*, au-devant de.

CHAPITRE VIII

CONJONCTIONS

Les conjonctions sont peu nombreuses en kiswahili :

Ama... ama, ao... ao, ou... ou, répété.

Hatta, préposition, est aussi employé comme conjonction ; alors il signifie : jusqu'à ce que, que, en attendant que, enfin, quand.

Faa ku-, pouvoir, servir à, être employé pour, être utile, avantageux. — *kaa ku-kitako*, s'asseoir. — *kaza ku-*, serrer. — *rudisha ku-*, faire retourner, rendre, renvoyer. — *tengeneza ku-*, arranger, réparer, mettre en ordre.

Illa, excepté.

Illakini, excepté, cependant.

Kama, comme, puisque, si.

Kwamba, que, quoique.

Kwani, parce que.

Lakini, mais, cependant.

Na, et.

Les conjonctions françaises : et, ainsi que, mais, et d'autres qui ne sont employées que pour lier les phrases, sont rendues généralement par le temps *ka*. Cette particule *ka* peut aussi être jointe à l'impératif et au subjonctif pour traduire et.

Wala répété, ni... ni.

Wallakini, mais, et cependant.

Manière de rendre certaines conjonctions françaises :

— Comme, ainsi que, se rendent par *kama* ou par *-vyo*, joint au verbe, ou par *kama... vyo*.

Utakavyo, comme tu veux, ainsi que tu veux.

VERSION. — Utamwambia kama afanyia tamaa hatakuwa tena rafiki yangu. — Akaona mfano wa mwezi katika maji. — Simama ao kaa kitako upendavyo. — Utakaza sana kamba lakini usiivunje. — Wewe unataka kuzumgumza, lakini mimi ninaona usingizi mkubwa. — Utangoja papahapa hatta nikwambie kuondoka. — Tunze vyema chungu hiki cha jirani yetu kisivunjike. — Sitaki fundi huyu atengeneze bunduki yangu, kwani hajui kabisa kufanya kazi. — Akapiga punda yake hatta afe. — Alipotengeneza meza alivunja machupa mawili. — Tutakaa kitako, kwani jua kali leo. — Ita-

— Afin que, se rend par le subjonctif du verbe.

Utampa shanga anunue ndizi, tu lui donneras des perles, afin qu'il achète des bananes.

— De peur que, est rendu par le subjonctif négatif.

Mfunge asitoroke, lie-le, de peur qu'il se sauve.

— Si est souvent rendu par le temps *ki* à l'affirmatif, et *sipo* au négatif.

Ukiimba, nitafurahi, si tu chantes, je serai content.
Ukinipiga, nitakuua, si tu me frappes, je te tuerai.
Usipopata ndizi, utanunua viazi, si tu ne trouves point de bananes, tu achèteras des patates.

— Quand, lorsque, se rendent par le relatif *po* de la 9e classe, intercalé dans le verbe, suivant la règle des négatifs.

Atakapokuja utamwambia, quand il viendra, tu le lui diras.

CHAPITRE IX

INTERJECTIONS

Nous en donnerons quelques-unes seulement, des plus usitées.

Ah ! pour marquer la surprise, l'angoisse.

Ati ! pour exciter l'attention.

---

kufaa sana kujifundisha kusoma na kuandika. — Ukiwa na usingizi ende kulala. — Kula sana, tusiwe na njaa njiani. — Usiponirudishia kisu changu nitakupiga. — Watoto wafanya kama baba yao. — Kwani huvuti makasia kama wenzako ? — Enda sokoni kaninunulie mkuki

Bassi ! bass ! assez, finissez, c'est assez ! au commencement d'une phrase, bref, bien, alors.

Chub ! pour marquer l'impatience, le mépris.

Je ? quoi donc ? qu'est-ce ?

Ee ! o ! sert pour les invocations.

Ee bwana wangu ! O mon maître !

Ee waa ! ee wallah ! réponse généralement employée par les esclaves et les inférieurs quand ils sont appelés. Cette expression, qui vient de l'arabe, a été détournée de sa véritable signification ; elle équivaut à : me voici, je suis à vos ordres, je vais.

Ewe ! Holà ! eh ! pour appeler ; *ewe rafiki !* eh ! l'ami.

Cette expression ne doit pas être employée pour appeler un supérieur ; tout au plus est-elle permise entre égaux. Pour appeler un supérieur ou une personne respectable, on se sert de *bwana!* monsieur.

---

mzuri. — Alitoa nguo mbili ao tatu. — Kamata kuku hii ao ile. — Sikuwapo alipokuja ndugu yako. — Jirani yetu asipokuwa na tamaa atatwita tule kwake. — Mtumwa wangu akikufaa, mchukue.

Exercice 56.

Bimbirisha ku-, rouler une pierre qu'on ne peut porter. — *fingirika ku-*, se rouler, s'enrouler autour. — *kosa ku-*, errer, se tromper, manquer. — *konda ku-*, maigrir. — *pokea ku-*, recevoir. — *nenepa ku-*, engraisser. — *shiba ku-*, avoir assez mangé, être rassasié. — *sukuma ku-*, pousser. — *vaa ku-*, s'habiller, — *vuta ku-*, tirer.

Haya ! pour exciter, peut se traduire par : « Allons ! en avant ! du courage ! marchons ! » *Haya* est aussi employé pour donner son assentiment à une proposition, à un projet.

Kefule ! pour marquer l'aversion, le mépris.

Kumbe ! quoi ! est-ce possible ! pour indiquer la surprise, surtout quand un événement a trompé notre attente.

Labeka, ou *lebeka* ! souvent contracté en *ebbe* ou *bee !* manière tout à fait humble de répondre quand on est appelé. Est très employé par les femmes.

Loo ! pour marquer la surprise et l'admiration ; on appuie sur l'*o*, en élevant graduellement la voix en proportion de la surprise.

Makelele ! pluriel de *kelele*, bruit, tapage, est employé pour imposer le silence.

Ole ! malheur !

Saa ! employé pour hâter ! *njoo saa !* viens donc !

Tuteni saa ! Allons, ramez donc !

Sahab ! monsieur, réponse employée par les gens de la Côte, quand ils sont appelés.

VERSION. — Vuteni saa ! kwa nguvu. — Haya ! sukumeni tupate kubimbirisha jiwe hili kubwa. — Ewe ! rafiki, njooni kutusayidia kusukuma mtumbwi. — Ah ! nyoka amefingirika kwa mguu wangu. — Bassi tena, wamepokea nguo zao waondoke. — Mmeshiba tena haya twende kwa kazi. — Je ! rafiki yangu, umepata ugonjwa ? umekonda mno. — Haya ! shibeni sana mtanenepa. — Sikilizeni ati ! maneno yangu. — Haya ! hu-

Simillā ! Gare ! expression venue peut-être de l'arabe *bismillah !* au nom de Dieu, pour avertir de prendre garde, de se garer.

Tutu ! employé pour dire à un enfant de ne pas toucher à une chose, de ne pas s'occuper de ce qui ne le regarde point ; équivaut à : ne touche pas ! laisse cela !

Wallahi ! véritable jurement venu du mot arabe signifiant : je le jure par Dieu. Ce mot, souvent employé par les Arabes et les Nègres, ne devrait être dit que dans le cas où il est permis de faire un serment.

---

javaa nguo yako utapigwa. — Bassi ondokeni lakini sikoseni kurudi kesho assubui. — Makelele ! hatupati kuzumgumza. — Simillā punda ! simillā ngombe. — Ee bwana wangu ! nisamehee. — Ewe ! fulani, lete huku viazi vyako nivinunue. — Njoo huku ! ee wallah ! bwana. — Haya ! fingirisha kamba kwa nguzo ile. — Tutaondoka sasa hivi ? haya twende. — Ati nimekwambia usifungue mlango. — Si makelele pale nje ! — Ondokeni saa !

DEUXIÈME PARTIE

SYNTAXE

CHAPITRE PREMIER

SUBSTANTIF

Article 1. — Formation des mots.

I. — NOMS ABSTRAITS.

Les noms abstraits sont généralement formés des noms concrets ou des adjectifs qualificatifs correspondants, en leur donnant le préfixe de la 6e classe.

mtoto, enfant.	*utoto*, enfance.
mfalme, roi.	*ufalme*, royauté.
-kali, fier, sévère.	*ukali*, fierté, sévérité.
-nene, gros.	*unene*, grosseur.
-zuri, beau.	*uzuri*, beauté.

Exercice 57.

Barika, graine du ricin. — *bibo ma-*, fruit d'acajou. — *buyu ma-*, fruit du baobab. — *dimu*, citron. — *nanazi ma-*, ananas. — *nazi*, coco. — *pamba*, coton. — *papayi ma-*, papaye. — *popoo*, arec. — *mstofele*, corossol.

VERSION. — Ndipo minanazi mingi, ukitaka nanazi, uchukue utakavyo. — Ubembe ipo mipamba mingi, na wabembe watumia pamba kusuka nguo. — Ujiji yaone-

II. — NOMS DE FRUITS.

Les noms de fruits se forment du nom de l'arbre qui les produit, en retranchant tout préfixe. Il n'y a que *ndizi*, banane, qui n'est pas formé de *ngomba*, bananier.

mwembe, *miembe*, manguier. — *embe*, *maembe* ou *embe*, mangue.
mpera, *mipera*, goyavier. — *pera*, *mapera*, goyave.
mtende, *mitende*, dattier. — *tende*, datte.
mboga, *miboga*, plante qui produit la citrouille. — *boga*, *maboga*, citrouille.

III. — NOMS DE PAYS.

Les noms de pays ont généralement *u* pour préfixes.

Ugogo, province d'Ougogo.
Uvinza, *Usagara*, *Uvira*, *Urundi*, *Ufipa*, etc.

Les habitants se désignent en mettant les préfixes de la 1re classe devant le radical du nom du pays.

Mgogo, pl. *wagogo*, habitant de l'Ougogo.— *Mvinza*, pl. *wavinza*, habitant de l'Ouvinza. — *Mrundi*, pl. *warundi*.

---

kana minanazi kidogo huku na huku, iliyoletwa toka Manyema, lakini mipapayi iko mingi. — Mnanazi wazaa nanazi moja, mpapayi wazaa mapapayi mingi. Siharibu mibarika hii tutachuma mbegu zao kufanya mafuta. — Mafuta ya barika dawa nzuri. — Mtatia hema karibu na mbuyu tupate kivuli. — Utaokota mabuyu matatu ao manne yaliyoanguka, tutaoyatumia njiani kuchota maji. — Najua kusema kiswahili, nikiisha

Le langage est désigné en mettant devant le radical du nom de pays le préfixe de la 4e classe *ki*.

Kizungu, langage des Européens. — *Kigogo, kivinza, kivira, kirundi*, langage de ces différents pays.

Cette forme *ki* est exclusivement employée pour désigner le langage ; mais en la faisant précéder de la préposition *-a*, de, on peut s'en servir pour désigner tous les produits du pays.

Mavao ya kizungu, des habits européens.
Mikuki ya kivira, des lances de l'Ouvira.

Cette forme *ki* peut même de la sorte être employée avec des noms autres que les noms de pays.

Mavao ya kifalme, des habits royaux.

IV. — NOMS FORMÉS DES VERBES.

Notre but ici est uniquement d'indiquer la manière dont certains noms en kiswahili sont formés des verbes, afin que dans le besoin on ait un modèle à suivre ; en kiswahili, tous les noms ne sont pas régulièrement formés du verbe, comme en arabe.

1° *Noms d'état* ou *de métier*. — Pour former le nom d'état, bien souvent on se contente de mettre devant le radical du verbe les préfixes de la 1re classe.

Mfanya biashara, un commerçant, de *kufanya*.
Mwumba, créateur, de *kuumba*.

---

kufika Ujiji nitajifundisha tena kijiji na kirundi. — Wangine watakaokaa Tabora watajifundisha kinyamwezi. — Wabembe watu wema, lakini kibembe kigumu sana. — Wajiji hawajifundishi vema kizungu. — Nimeona mipopoo lakini sijala kabisa popoo. — Tunayo mistofele minane shambani petu, lakini haijazaa mistofele. —

Si le mot ainsi formé ressemblait à un autre ayant une signification différente, on conserverait le *ku* de l'infinitif, pour éviter toute ambiguïté.

kulima, cultiver. *mkulima*, cultivateur.

En retranchant *ku*, on aurait *mlima*, montagne.

Quelquefois en ajoutant *ji* à la fin du mot.

kuandika, mettre en ordre. *mwandikaji*, quelqu'un qui met en ordre, un servant.

kusema, dire, parler. *msemaji*, quelqu'un qui a l'habitude de parler, orateur.

D'autres fois, on change la dernière lettre en *i* ou en *e*.

kupeleleza, espionner. *mpelelezi*, espion.

kungoja, attendre. *mngoje*, garçon, (mot à mot qui attend).

Quand la finale est précédée de *b*, le *b* se change en *v*.

Mdimu mti mgumu na mzuri. — Mbibo watumika sana kufanya kazi nzuri, mabibo si mema.— Walichuma dimu nyingi wakafanya siki. — Twatumia majani ya mdimu.

Exercice 58.

Kicheko vi-, rire. — *mapatano*, accord, accommodement, contract. — *mapigano*, combat. - *matukano*, injures, paroles insultantes. — *maulizo*, question, interrogation. — *mavuno*, moisson. — *mazoezo*, habitudes, coutumes, pratiques. — *mwombaji*, *wa-*, mendiant. — *mwibaji wa-*, voleur de profession, d'habitude. — *vazi ma-*, habits, vêtements.

Indiquer les verbes dont ces noms sont formés.

kwiba, voler. *mwivi*, voleur.
kugomba, quereller. *mgomvi*, querelleur.

Lorsque le verbe est terminé par *ea*, *oa*, *ka* ou *ta ; ea* et *oa* se changent en *zi ; ka* en *shi ;* et *ta* en *si*, dans les noms d'état ou de métier.

kutumika, servir. *mtumishi*, serviteur.
kupika, cuire. *mpishi*, cuisinier.
kuokota, ramasser. *mwokosi*, quelqu'un qui ramasse quelque chose.

Quelquefois le nom d'agent, au lieu des préfixes de la 1re classe, prend ceux de la 4e *ki-vi*.

kunyoa, raser. *kinyozi*, barbier.
kuongoza, guider, diriger. *kiongozi*, guide.

2° *Nom d'action.* — Le nom d'action se forme en changeant la finale du verbe en *o*, et mettant un préfixe, qui varie selon l'usage.

kushona, coudre. *mshono, mi-*, couture.
kutenda, agir. *kitendo, mi-*, action.
kuzumgumza, converser. *mazumgumzo*, conversation,

On peut aussi faire le nom d'action, en changeant la finale en *shi*, *si* ou *zi*.

kupenda, aimer. *penzi*, amour.
kukohoa, tousser. *kikohozi*, toux.

VERSION. — Mwombaji aliyekuwa huku, yuko wapi ? haonekani siku hizi. — Katika ibada kicheko ni kibaya sana. — Fukuzeni wale, sipendi vichezo vyao. — Warundi washika sana mazoezo yao, hawataki kuyaacha. — Killa mtu apenda kufuata mazoezo ya baba yake.— Kiisha siku kumi yatakuwa mavuno ya mpunga. — Sikiliza maulizo yangu, upate kujibu kwa hakika.

3° *Nom de lieu.* — Le nom de lieu se forme de la même manière que le nom d'action.

kufika, arriver.	*kifiko*, lieu d'arrivée.
kukoma, cesser.	*kikomo*, fin, terme d'un voyage.
kuoka, cuire.	*jiko*, lieu où l'on cuit, cuisine.

4° *Nom d'instrument.* — Le nom d'instrument se forme aussi comme le nom d'action.

kukaanga, rôtir.	*kaango*, pot à rôtir.
kufunika, couvrir.	*kifuniko*, couvercle.
kuziba, boucher.	*kizibo*, bouchon.
kufagia, balayer.	*ufagio*, balai.
kufunga, ouvrir.	*ufunguo*, clef.

5° *Nom d'effet.* — Le nom d'effet en général se forme comme le nom d'action.

kuandika, écrire.	*mwandiko*, manuscrit.
kwenda, aller.	*mwendo*, voyage, marche.

Vyumbe, créatures, de *kuumba*, créer, est formé d'une manière particulière dont il y a peu d'exemples.

Tunao mtumwa mwibaji mno, haipatikani siku asipokwiba kitu. — Asema matukano tangu assubui hatta joni. — Mwite kinyozi aninyoe sasa hivi. — Sitaki mgomvi katika watu wangu, ye yote atakayegomba atafukuzwa mara moja. — Kwanza warabu walipofika Ujiji walifanya mapigano makubwa kwa wajiji ; sasa wamepatana kidogo. — Haifai kuvunja mapatano. — Ndugu yako atavuna lini mpunga wake ? Mavuno yote yamekwisha. — Tutakapofika kwetu uthia wetu utakoma kabisa. — Ukiisha mshono huu utaniletea nguo nitakuonyesha tena mahali pa kushona. — Mwivi alii-

6° *Noms arabes.* — Les noms kiswahili formés de verbes tirés de l'arabe, ne gardent pas toujours les voyelles de ces verbes, mais les changent souvent en *a*.

kuabudu, adorer. *ibada*, adoration.
kusafiri, voyager. *safari*, voyage.
kujibu, répondre. *jawabu*, ou *majibu*, réponse.

V. — DIMINUTIFS ET AUGMENTATIFS.

On obtient le diminutif d'un nom, en préfixant *ki*, au radical.

ufunguo, clef. *kifunguo*, petite clef.
kaango, pot en terre pour rôtir. *kikaango*, petit pot en terre pour rôtir.

Si le radical est monosyllabique, on lui préfixe *kiji*.

mto, rivière. *kijito*, ruisseau, petite rivière.
mti, arbre. *kijiti*, petit arbre, arbrisseau.

Si le nom a déjà *ki*, comme les noms de la 4e classe, on fait le diminutif en intercalant *ji* après le préfixe.

kisu, couteau. *kijisu*, petit couteau.
kifuniko, couvercle. *kijifuniko*, petit couvercle.

---

ngia usiku nyumbani mwangu akatwaa mavazi yangu yote pia.— Toka Unyanyembe paka Ujiji mwendo wa siku ngapi ?— Nitangoja majibu yake papahapa.— Sipendi mtoto asemaye matukano. — Wapagazi wote wafuata kiongozi.

Pour les animaux, le diminutif est souvent employé comme terme de mépris.

ngombe, bœuf. *kigombe*, un bœuf en mauvais état.

— On peut ajouter à un nom l'idée de grandeur, en lui faisant suivre la règle des noms de la 5e classe, c'est-à-dire en retranchant tout préfixe au singulier.

mfuko mi-, sac. *fuko, mafuko*, grand sac.
mfupa mi-, os. *fupa, mafupa*, gros os.

Si le nom est monosyllabique, on lui préfixe *ji* ; s'il commence par une voyelle on lui préfixe *j*. Quelquefois *j* et *ji* disparaissent au pluriel.

mtu, homme. *jitu, majitu*, un homme tout à fait grand.
mke, femelle. *jike, majike*, femelle grande et forte.
nyumba, maison. *jumba, majumba*, très grande maison.

Si le nom, auquel on veut ajouter l'idée de grandeur, appartient déjà à la 5e classe, on lui préfixe *ji*.

chupa, bouteille. *jichupa, majichupa*, grande bouteille, bonbonne.

Exercice 59.

Panda ma-, hangar, construction en paille. — *banzi ma-*, copeau, éclat de bois, — *bweta*, boîte. — *jamanda ma-*, sorte de forte corbeille avec couvercle. — *faanga ma-*, poulet. — *kuku*, poule. — *mjuzi wa-*, lézard. — *sanduku*, caisse, boîte, malle. — *tone ma-*,

Ariicle 2. — Mots étrangers.

Le kiswahili étant très pauvre en mots pour certains ordres d'idées, on a été obligé d'avoir recours aux langues étrangères. L'arabe en a fourni un grand nombre ; le français, l'anglais, le portugais, quelques-uns. Pour s'adapter au génie du kiswahili, ces mots subissent généralement quelques légères modifications, qui cependant n'empêchent pas de reconnaître leur origine. Ainsi de *wokt*, temps, on a fait *wakati* : de *kabr*, tombeau, on a fait *kaburi* : de *sbour*, attendre, *saburi* : de *barut*, poudre, *baruti* : du mot portugais *caxa*, caisse, on a fait *kasha* : de *vinho*, vin, *mvinyo*. Parmi ces noms étrangers, les noms d'office et de personne sont rangés dans la 5ᵉ classe.

Waziri, un vizir. *mawaziri*, des vizirs.

Les autres peuvent être rangés indifféremment dans la 3ᵉ ou 5ᵉ classe. La seule chose importante

---

goutte. — *baraza*, place, soit sous la véranda, soit dans la maison, où les arabes reçoivent et tiennent leurs conseils.

VERSION. — Niletee kibweta kile kilicho na shanga. — Tia ndizi ndani ya kijamanda kapeleke nyumbani. — Kisanduku hiki kizito sana. — Kifaranga kimoja alikanyagwa na mbuzi assubui akafa. — Utatia vitone vitano vya dawa hili katika kikombe cha maji. — Kwetu wako majuzi wakubwa, huku waonekana vijuzi wadogo tu. — Umeona mabuzi waume watokao Manyema ?

alors est de bien faire suivre à chaque nom les règles d'accord de la classe dans laquelle on l'a rangé. (Ce qu'il faut du reste toujours observer, même pour les quelques noms kiswahili pur, qui peuvent appartenir à plusieurs classes, comme *nyumba*, qui peut faire au pluriel *nyumba* ou *manyumba*, *punda* qui peut faire *punda* ou *mapunda*.)

Quand la 1re syllabe d'un mot étranger ressemble à un préfixe, on peut la considérer comme un préfixe ; ainsi : *kitabu*, livre, *kiberiti*, allumette, sont traités comme des noms de la 4e classe, et font au pluriel *vitabu*, *viberiti*.

Article 3. — Rapport de deux noms.

Le rapport entre deux noms s'exprime par la préposition *-a*, qui s'accorde avec le premier nom.

Kitabu cha babangu, le livre de mon père.

Mais lorsqu'on veut attirer d'une manière spéciale l'attention sur la personne qui possède, la préposition DE est rendue en kiswahili par l'adjectif possessif, et non par la préposition *-a*.

Wataka kassi gani kwa kikuku hiki, na vifaranga vyake ? — Waambie asikari watujengee vibanda vinne. — Akafanya banda juu ya nyumba yake. — Situpe vibanzi vyako nitaviokota kufanya moto. — Lete kibanzi kimoja. — Yupo barazani. — Akafanya kibaraza nyumbani mwake. — Apenda kukaa kibarazani mwake. — Kaeni kitako barazani. — Weke pilipili ndani ya kibweta

Kiti chake sultani, la chaise à l'usage du sultan, et non *kiti cha sultani,* qui signifie une chaise de sultan, en général, et non la sienne propre.

Après les mots arabes *wadi,* fils, *binti* fille, on n'exprime pas de.

Wadi Omar, le fils d'Omar.
Binti Mohamed, la fille de Mohamed.

CHAPITRE II

ADJECTIFS

Article 1. — Différentes manières de rendre l'adjectif.

En comparaison du français, le kiswahili est très pauvre en adjectifs. Il y a plusieurs manières de rendre les adjectifs et attributs français qui n'ont pas de correspondant.

---

kile cha bati. — Niletee kichupa nikupe dawa ya kifwa. — Ndugu yangu amenunua jana ngombe jike mzuri sana. — Sitaki kibuzi kama huyu, lete mwengine mzuri. — Nunue vijamanda viwili kama hiki. — Katika ufa tia vibanzi vitatu — Kijiko kitatosha ache mwiko. — Una nini kifukoni mwako ? Kifupa chataka kutoka mkononi mwangu. — Hatukujenga, tumefanya mabanda tu manne. — Kwetu migini yako majumba mengi.

I. — On peut les rendre par le verbe neutre correspondant ; ainsi : les fatigués restèrent, se tourne par : ceux qui étaient fatigués restèrent.

Nguo hizi zimekauka, ces étoffes sont sèches.

Ingize nyumbani nguo, zilizokauka rentre dans la maison les étoffes sèches (qui sont sèches).

Mtu amechoka kabisa, homme très fatigué (est très fatigué).

Waliochoka walisalia nyuma, les fatigués restèrent derrière.

II. — Souvent, on a recours à un substantif avec la préposition *-a*.

Mtu wa akili, un homme intelligent (d'intelligence).

Mtu wa haki, un homme juste.

III. — On se sert de *kuwa na* avoir, ou de *enyi*, ou *inyi*, qui signifie : ayant, qui possède, possesseur.

Ngozi ya chui inayo madoadoa, la peau du tigre tachetée.

Lete jiwe linalo mviringo, apporte une pierre ronde.

Mtu mwenyi mali, un homme riche.

Mtu mwenyi nguvu, un homme fort.

Exercice 60.

Afia, santé, bonne santé. — *chongo*, privation d'un œil. — *choyo*, avarice — *fuga ku-*, réduire à la domesticité, apprivoiser. — *kheiri* ou *heri*, bonheur. — *kigongo*, bosse (d'un bossu). — *nyoka ku-*, être droit. — *potoka ku-*, être tordu. — *taka*, saleté. — *uvurungu*, creux, cavité.

VERSION. — Msilete miti iliyopotoka. — Nguzo zote za nyumba yake zimenyoka kabisa. — Nimeona kwa

Nota 1°. — Quelques adjectifs se forment du verbe, en changeant la finale *a* en *fu* ou *vu* ; les verbes terminés en *ka* et *za*, changent *ka* et *za*, en *vu*. Si la lettre qui précède *a*, est une consonne, on forme l'adjectif de la forme applicative.

Kuharibu, détruire.	*Haribifu*, destructif.
kukamilika, se perfectionner.	*kamilifu*, complet, parfait.
kutimilia, se compléter.	*timilifu*, complet.

Nota. — 2° Enfin on emprunte plusieurs adjectifs à l'arabe ; mais ces adjectifs restent invariables, et ne suivent pas les règles d'accord.

Ghali, cher.	*kisu ghali*, un couteau cher.
	matunda ghali, des fruits chers.
Safi, propre.	*kijiko, safi*, une petite cuiller propre.
	meno safi, des dents propres.

Article 2. — Comparatifs et superlatifs.

En kiswahili, les comparatifs et superlatifs se rendent, comme en français, par les adverbes plus, moins, aussi, très, fort, placés après l'adjectif, ou par une périphrase.

---

sultani chui aliofugwa tangu zamani. — Mwenyi kigongo alipita huku jana akaimba akacheza, tukacheka sana. — Haifai kumchekea mwenyi kigongo. — Ulaya nalikuwa mwenyi afia. — Mwenyi mali siye mwenyi heri. Ukiona kama kikombe kimejaa siongeza kumwaga maji. — Mibuyu yote ina uvurungu. — Kule mlimani yako mawe ya uvurungu. — Sijaona mtu wa choyo kama

I. *Comparatifs.* — Aussi, autant, égal à, se rendent par *vile vile*, *sawa sawa* (égal, pareil, semblable).

Leo mkubwa sawa sawa na Karoli, Léon est aussi grand que Charles.

Kisu hiki vile vile na kile, ce couteau-ci est pareil à celui-là.

Dans ces phrases, que, à, du français se traduisent par *na*.

— Plus, mieux, se rendent par *zayidi*, ou par *kuliko* ; après *zayidi*, que se rend par *ya* ; après *kuliko*, il n'est pas rendu.

Un peu plus se rend par *punde*.

Tabora mgi mkubwa zayidi ya Ujiji, Tabora est une ville plus grande que Oujiji.

Mrefu zayidi, plus long.

Mti mrefu punde, un arbre un peu plus long.

Mti mfupi punde, un arbre un peu plus court.

Kisu hiki kikali kuliko kile, ce couteau-ci coupe mieux que celui-là.

Mzigo huu mzito kuliko ule, ce fardeau-ci est plus lourd que celui-là.

Kuliko signifie : où il y a, et le sens des derniers exemples est : ce couteau-ci est coupant où cet autre est ; c'est-à-dire : près de cet autre,

---

yule jirani wetu. — Kwetu husema : kama mwenyi kigongo, ndiye mtu wa akili. — Endeni kufua nguo zenu zina taka kabisa mno. — Usinsadikie mwenyi chongo. — Oshe kikombe hiki kina taka sana. — Palikuwa na mtu mwenyi choyo, akawa na mali mengi, akaonekana kama masikini. — Mtu mwenyi choyo hapati kuwa na heri. — Mtu wa uwongo hasadikiwi na watu. —

par rapport à cet autre. S'il est coupant par rapport à cet autre, il est plus coupant que lui. De même, ce fardeau-ci est lourd auprès de celui-là : en comparaison de celui-là ; dès lors il est plus lourd.

La comparaison peut encore s'établir à l'aide des verbes *kupita*, surpasser, *kuzidi*, augmenter. Moins se rend par *kupungua*, diminuer.

Nyumba hii yapita ile, cette maison-ci surpasse celle-là.

Chui ndiye hodari apita mbwa, le tigre est plus fort que le chien.

Mwembe huu umezidi, na ule umepungua kuzaa mwaka huu, cette année-ci ce manguier a plus rapporté, et cet autre moins, sous-entendu, que l'année dernière.

II. *Superlatif*. — 1° Le superlatif relatif peut être rendu par l'adjectif à sa forme simple, pris dans un sens absolu.

Nani hodari ? quel est le plus fort (mot à mot : lequel est fort ? sous-entendu, au milieu de vous).

Mapera mema ya wapi ? où sont les meilleures goyaves ?

Mtu huyu mtu wa kweli, hajui kabisa kusema uwongo. — Mpini wa mkuki wako umenyoka vyema. — Pembe zangu zote zimepotea mtoni. — Tutakamata nyama wa mwitu na tutawafuga. — Mabata ya mwitu si manono. — Nimefuga njiwa wa mwitu wanne

Exercice 61.

Anika ku-, étendre au soleil pour sécher. — *hatari*, danger. — *kizingiti vi-*, seuil, marche à l'entrée d'une porte, chute, cascade dans une rivière. — *marisau*,

On peut encore employer les expressions données plus haut pour le comparatif, mais en indiquant que la qualité est possédée à un plus haut degré, non pas en comparaison d'un ou de plusieurs, mais en comparaison de tous, et dès lors à un degré supérieur.

Kisu hiki kizuri kuliko vyote, ce couteau-ci est plus beau que tous les couteaux, c'est-à-dire est le plus beau.

Mbwa huyu kwa ukali apita wote, ce chien est plus méchant que tous les autres, c'est-à-dire est le plus méchant.

2° Le superlatif absolu se rend en ajoutant à l'adjectif, *sana*, *kabisa*, très fort.

Kasha kubwa sana, une très grande caisse.

Mbwa mkali sana kabisa, un chien tout à fait méchant.

Article 3. — Adjectifs indéfinis.

Les adjectifs et les pronoms indéfinis français n'ont pas de correspondant en kiswahili ; voici la manière de les rendre :

---

plomb de chasse. — *njiwa manga*, pigeon domestique. — *nyamaa ku-*, se taire. — *sauti*, voix, ton. — *shindilia ku-*, presser, charger un fusil. — *tumbako*, tabac. — *tundu* pl. *tundu* ou *matundu*, trou, cage, nid.

VERSION. — Njiwa wa mwitu wakubwa kuliko njiwa manga. — Mtu huyu ana sauti kubwa apita watu wote wa mgi, asikiliwa toka huku paka mto kule. — Tumbako hii ya kibembe nzuri sana yapita tumbako zote. — Utafanya tundu nyingine mbili kubwa kuliko hii. — Alishindilia bunduki yake vile vile na jana, ikapasuka bunduki kabisa. — Anike kanzu hii ngema sana vile vile na nguo nyingine. — Utanunua marisau ndogo

— Aucun, se rend par une négation.

Aucun homme n'est entré ici, *hakuingia mtu humu.*
Qu'aucun animal ne passe ici, *asipite huku nyama yeyote.*

— Certain, adjectif indéfini, se rend par *-moja*, qui s'accorde.

Un certain homme, *mtu mmoja.*
Un certain jour, *siku moja.*

Certain, au pluriel, se rend par *-ingine* ou *ngine*, qui s'accorde en prenant le préfixe du nom ; ou par *baazi ya*, plusieurs ; ou bien on ne le rend pas du tout, ou mieux encore on tourne par : il y a.

Certaines gens se plaisent à faire fâcher leurs compagnons, *watu wengine wapenda kuwachukiza wenzao*, ou *wako*, ou *kuna watu wapendao*, etc.

Certaines gens n'aiment pas les papayes, *baazi ya watu hawataki mapapayi* ou bien : *Watu hawapendi mapapayi. Wako* ou *kuna watu wasiopenda mapapayi.*

---

punde na hii, na nyingine nene punde. — Mashua hii tuliyoinunua jana yapita yetu. — Njiani ya Uvinza sasa hatari kuliko kwanza. — Nani ana sauti kubwa ? — Toeni zayidi sauti. — Utapata mbele vizingiti kubwa zayidi ya hivi. — Tukakuta kizingiti kimoja kikubwa sana kabisa. — Ikawa hatari kubwa sana. — Nikauliza nani hodari nimshinde, wakanyamaa. — Kujua kunyamaa kugumu kuliko kujua kusema. — Kisu kizuri ki wapi ? nikinunue. — Tumbako yako ngema kuliko yangu. — Mtoto wangu apita wenzake wote. — Walipata hatari kubwa sana kabisa. — Ndui ugonjwa mbaya sana kuliko ugonjwa zote. — Majembe ya Uhha mema zayidi ya majembe ya Uvira.

— Chaque, se rend par *killa* invariable, qui se place toujours devant le nom auquel il se rapporte.

Killa mtu, chaque homme.
Killa kitu, chaque chose.

— Même, signifiant : semblable, égal, se rend par *vile vile, sawa sawa*.

Ces deux frères ont les mêmes habits, *ndugu hawa wawili wavaa nguo vile vile.*

Ces deux enfants sont de la même grandeur, *watoto hawa wawili warefu sawa sawa.*

Dans les autres cas, et lorsqu'il est joint aux pronoms personnels, moi, toi, lui, etc. : moi-même, lui-même, eux-mêmes, etc., il se rend par *-enyewe*, qui s'accorde avec le nom, en prenant la syllabe caractéristique de la classe de ce nom, sauf au singulier de la 1re, de la 2e et de la 6e classe, où il prend le préfixe du nom.

Exercice 62.

Formali, vergue. — *gala*, magasin. — *gereza*, fort, prison. — *kiinga vi-*, tison, morceau de bois allumé d'un bout. — *mlingote mi-*, mât. — *nyongo*, bile. — *rangi*, couleur, peinture. — *shuruli*, affaire, occupation. — *samani*, prix, valeur. — *zabuni ku-*, offrir un prix pour acheter un objet.

THÈME. — J'ai une grande occupation aujourd'hui ; qu'aucun bruit ne se fasse auprès de ma chambre. — Demain je n'aurai aucune affaire. — Aucun n'a offert de prix après vous. — Aucun homme n'est resté dans la prison. — A Oujiji, chaque maison a son magasin. — Certains bateaux ont de très longues vergues avec de

1re pers.	Moi-même	*mimi mwenyewe*	
	Nous-mêmes	*sisi wenyewe*	
2e —	Toi-même	*wewe mwenyewe*	
	Vous-mêmes	*nyinyi wenyewe*	
3e — 1re CL.	Lui-même	*yeye mwenyewe*	*(mtu)*
	Eux-mêmes	*wao wenyewe*	*(watu)*
2e —	Lui-même	*(huu) mwenyewe*	*(mti)*
	Eux-mêmes	*(hii) yenyewe*	*(miti)*
3e —	Lui-même	*(hii) yenyewe*	*(ngoma)*
	Eux-mêmes	*(hizi) zenyewe*	*(ngoma)*
4e —	Lui-même	*(hiki) chenyewe*	*kisu)*
	Eux-mêmes	*(hivi) vyenyewe*	*(visu)*
5e —	Lui-même	*(hili) lenyewe*	*(tawi)*
	Eux-mêmes	*(haya) yenyewe*	*(matawi)*
6e —	Lui-même	*(huu) mwenyewe*	*(wembe)*
	Eux-mêmes	*(hizi) zenyewe*	*(nyembe)*
7e —	Lui-même	*(hapa) penyewe*	*(mahali)*
8e —	Lui-même	*(huku) kwenyewe*	*(kufa)*

Mimi mwenyewe nitakwenda, moi-même j'irai.

Wewe mwenyewe utakuja, toi-même tu viendras.

Sisi wenyewe tumejenga, nous-mêmes avons bâti.

Le même homme est revenu, *mtu yule mwenyewe amerudi*.

Les étrangers eux-mêmes aiment ce pays, *wageni wenyewe waipenda inchi hii*.

— Nul, se rend par une négation.

Nul souci, *hapana uzia*.

Je n'ai nul souci, *sina uzia*.

---

grandes voiles. — Aucun bateau n'a un mât aussi long que le mien. — Apporte le tison même. — Moi-même j'ai éteint les tisons. — Lui-même a été malade et a vomi beaucoup de bile. — C'est la bile même qui vous rend malade. — Les couleurs mêmes sont parties. Aucune couleur n'est restée. — J'ai acheté plusieurs étoffes de couleur. — Dans toute la ville, aucun magasin n'est aussi grand que le mien. — Il n'y a nul danger sur cette route. — Ils se battent depuis trois jours, et aucun hom-

— Plusieurs, dans le kiswahili correct, se rend par *baazi ya* ou *akali ya*.

Plusieurs personnes sont passées dans le chemin, *akali ya watu* (ou *baazi ya watu*) *wamepita njiani*.

Dans le langage, plusieurs est souvent omis, ou bien il est traduit par *-ingine*, qui s'accorde comme les adjectifs qualificatifs, ou bien encore par *ingi*, beaucoup, qu'on atténue par un autre terme quelconque.

Plusieurs personnes sont passées dans le chemin, *watu wamepita njiani*.

Cette nuit, j'ai vu plusieurs hyènes, *usiku huu nimeona fisi wengi, lakini si wengi sana* ; on pourrait aussi dire : *nimeona fisi, si wengi*.

— Quel, signifiant quelle sorte, se rend par *gàni*, qui reste invariable, et se place après le substantif.

Mtu gani ? quel homme ?
Kitu gani ? quelle chose ?

Quel, signifiant lequel, se rend par *-pi*, auquel on préfixe le pronom personnel sujet en rapport avec le nom ; il suit le substantif.

---

me n'est encore mort.— Et un homme inscrivait le prix de chaque chose. — Je ne connais pas le prix de chaque étoffe.— Aucune affaire ne m'empêchera de partir aprèsdemain. — Plusieurs couleurs sont très belles. — Nul n'a encore été enfermé dans la prison. — Chaque jour a ses occupations. — Cet homme n'a aucun soin de son bateau ; son mât et sa vergue ont été volés, et même les bancs ont été pris.

Mtu yupi atakayekuja nami ? quel est l'homme qui viendra avec moi ?

Kisu kipi ? quel couteau ?

Kasha lipi ? quelle caisse ?

Nyimbo zipi ? quels chants ?

— Quelque, quel que, quelconque, se rendent par les pronoms relatifs suivis de *-ote*, qui s'accorde en prenant la syllabe caractéristique de la classe du nom.

En quelque lieu que vous soyez, je vous trouverai, *mahali popote utakapokuwa, nitakupata*.

Quelque riche que vous soyez, vous mourrez, *ukiwa na mali yoyote, utakufa*.

Quelle que soit votre force, vous serez malades, *ukiwa na nguvu yoyote, utaugua*.

Amenez-moi un homme quelconque, *niletee mtu yeyote*.

Quelque, signifiant : un ou plusieurs, ne se rend pas.

Quelque sot a brisé ce manguier, *mpumbafu ameuvunja mwembe huu*.

— Tel, se rend par *fullani*.

Tel homme, *mtu fullani*,

Tel jour, *siku fullani*.

Exercice 63.

Joho, étoffe de laine. — *mjakazi, wa-*, femme esclave. — *kasasi*, vengeance. — *koleo, ma-*, tenailles, pinces. — *koo, ma-*, gorge, gosier. — *manjano*, safran. — *mtego, mi-*, piège, trappe. — *mtindo, mi-*, sorte, espèce. — *mtwana, wa-*, jeune esclave. — *samani*, outils, instruments, machine.

Tel, signifiant : semblable, pareil, se rend par *vile vile, sawa sawa*, ou par *kama*, comme, de même.

Tel père tel fils, *mwana ni vile vile na babaye.*

Je vous rends vos ustensiles tels quels, *nakurudisha vyumbo vyako vile vile.*

Tel, signifiant : si grand, se tourne par l'adjectif grand.

Sa charité est telle, qu'il donne tout son bien, *ukarimu wake mkubwa ,atoa mali yake yote.*

— Tout, signifiant la totalité, se rend par *-ote*, qui s'accorde comme il a été dit plus haut.

Tous les hommes mourront, *watu wote watakufa.*

Tout, signifiant chaque, se rend par *killa.*

Faites l'aumône à tout homme qui vous demandera, *killa mtu atakayekwomba, mpe sadaka.*

THÈME. — Quelle étoffe voulez-vous ? — Deux de mes esclaves sont venues, laquelle achèterez-vous ?— Quelle est la plus forte ? — Quelle est la plus grande ? — Vous voyez ces jeunes esclaves, lequel vous donnerai-je ? — Quel dyoho prendrez-vous ? en voilà de trois espèces, du noir, du rouge, et du noir et rouge ? — Quels pièges avez-vous pour prendre du poisson ? — Quels pièges ont les Wajiji pour prendre du poisson ? — Avec de tels outils, vous ne pouvez pas faire un beau travail. — Quels que soient vos outils, vous ne pourrez pas faire un bateau comme ceux d'Europe.— Quelle vengeance voulez-vous avoir ? Une vengeance quelconque. — Vous choisirez tout le safran, et vous mettrez de côté tout morceau un peu gros ; et tout le reste vous l'écraserez.— Quelles tenailles ont les ouvriers à Oujiji pour travailler le fer ? — Ils ont des tenailles telles que les nôtres. — Mais ils ne

Tout le jour, se rend par *mchana kuchwa* ou *kutwa* ; toute la nuit, par *usiku kucha* ou *kutia*. *Kucha* signifie le lever du soleil, et *kuchwa*, le coucher du soleil ; le sens est donc alors : la nuit jusqu'au lever du soleil, le jour jusqu'au coucher du soleil.

Il voyagea dix jours de suite, jour et nuit, *alisafiri siku kumi mchana na usiku kutwa kutia.*

Il dort tout le jour, *analala mchana kutwa.*

CHAPITRE III

PRONOMS

Article 1 — Pronoms personnels.

I.— DE L'EMPLOI DU PRONOM PERSONNEL RÉGIME.

1° *Régime direct.* — Le pronom personnel régime s'intercale généralement dans le verbe, quand le régime direct de ce verbe est déterminé ; il s'intercale toujours, quand un démonstratif accompagne ce régime.

---

travaillent pas tout le jour ni tous les jours.— Quel charbon ont-ils ? — Ils ont du charbon de bois. — Quelle sorte d'outils ont les ouvriers pour faire les bateaux à Oujiji? — Sa force est telle qu'il peut porter quatre hommes. — Quelle maladie a votre frère ? — Il a la gorge toute enflée ; il ne peut ni manger ni parler. — Je ne sais quel insecte l'a piqué hier à la gorge. — Nous avons marché hier tout le jour et toute la nuit.

Amepiga mtu, il a frappé un homme.
Amempiga mtu, il a frappé l'homme.
Utakata mti, tu couperas un arbre.
Utaukata mti, tu couperas l'arbre.
Amempiga mtu huyu, il a frappé cet homme.
Akaukata mti huu, il a coupé cet arbre.
Alimpiga yule, il frappa celui-là.
Ataukata ule, il coupera celui-là *(mti)*.
Alimpiga nani ? qui a-t-il frappé ?

On intercale aussi le pronom régime dans les phrases comme celles-ci :

Namjua akaapo, je sais où il demeure.
Sikumjua ameondoka, je ne savais pas qu'il était parti.
Alimfunga mikono, il lui lia les mains.
Utaukata matawi, tu lui couperas les branches (en parlant d'un arbre).

2° *Régime indirect*. — Lorsqu'en français le pronom personnel est régime indirect, il se traduit en kiswahili par les mêmes pronoms que le régime direct, mais le verbe est mis à la forme applicative.

Wamenileta huku, ils m'ont apporté ici.
Wameniletea barua, ils m'ont apporté des lettres.

Exercice 64.

Chanja ku-, couper, tailler, vendre. — *karasa*, petite dent d'éléphant. — *kisusi, vi-*, pan le plus étroit d'un toit à quatre pans. — *kiuno vi-*, reins. — *maki*, épaisseur, consistance. — *paa ma-*, pan le plus grand d'un toit à quatre pans. — *sermala*, charpentier. — *tema ku- mate*, cracher. — *tongoza ku-*, séduire. — *upindo, pindo*, ourlet, pli.

NOTA 1. — On ne doit pas intercaler dans le verbe deux pronoms personnels régimes, l'un régime direct, et l'autre régime indirect. On ne dira donc pas :

Ameziniletea (barua), il me les a apportées (les lettres) ; mais on pourra dire : *ameziletea kwangu,* il les a apportées chez moi, ou à moi ; ou bien *ameniletea hizo,* il m'a apporté elles.

NOTA 2. — Quelquefois par emphase, outre le pronom personnel régime, on ajoute après le verbe, la forme isolée du pronom personnel.

Nakuchukia wewe, je te déteste toi.
Anipenda mimi, il m'aime moi.

On peut aussi pour la même raison, mettre devant le verbe comme sujet, la forme isolée du pronom personnel, quoique le pronom personnel sujet soit déjà joint au verbe.

Mimi nakupenda, moi je t'aime.

THÈME. — Tu chercheras un charpentier pour réparer mon bateau. — Il a amené le charpentier. — Savez-vous où demeure le charpentier ? — Je ne savais pas qu'il avait commencé le travail. — J'enverrai des hommes couper du bois pour le feu. — Vous couperez ce bois-ci. — Ils prirent une tourterelle et lui coupèrent la tête. — Il a séduit la femme de son frère, lui a lié les pieds et les mains et l'a emportée. — Il a frappé mon frère aux reins avec sa lance. — Le tailleur a-t-il cousu l'ourlet de mon pantalon ? — Tu déferas l'ourlet de mon gilet. — Avez-vous vu l'épaisseur de la planche ? — Vous réparerez le pan de devant de notre maison, les pans des deux bouts, vous les laisserez tels quels. — Sa maladie est de cracher toujours et partout. — Où sont

II. — PRONOMS PERSONNELS RENDUS EN KISWAHILI PAR D'AUTRES PRONOMS.

1° Avec la préposition *na*, les pronoms, lui, elle, eux, elles, se rapportant à des êtres inanimés, se rendent par les pronoms relatifs ; il en est de même avec *ndi* à l'affirmatif, et *si* au négatif.

Avec lui (le couteau) *nacho* (*kisu*), avec elle (la branche) *nalo (tawi)*, avec eux (les rasoirs) *nazo (nyembe)*, etc.

2° Les pronoms personnels : moi, toi, lui, elle nous, vous, elles, eux, régimes d'une préposition se rendent par les pronoms possessifs *-angu*, *ako*, etc., et s'accordent avec la préposition, comme si elle était un substantif de la 3e classe.

Nyuma yangu, derrière moi.
Nyuma yako, derrière toi.
Mbele yake, devant lui.
Juu yake, sur lui ou elle.
Chini yake, sous lui ou elle.
Mbali yetu, loin de nous.
Katikati yenu, au milieu de vous.
Kwa sababa yao, à cause d'eux.
Chini yao, sous eux.
Juu yao, sur eux.

---

les deux petites dents que j'ai achetées ? — Mon esclave te les portera. — Moi je n'achète pas de petites dents. — Le charpentier n'a-t-il point oublié ses outils ? il les a apportés avec lui. — Voulez-vous du safran, j'en ai apporté avec moi ?

Exercice 65.

Ezeka ku-, couvrir (un toit). — *funza ku-*, instruire, enseigner. — *meza ku-*, avaler. — *mwanafunzi wa-*, disciple, apprenti. — *ruka ku-*, sauter, voler. — *simi-*

Nota. — Avec *kwa* signifiant chez, le pronom personnel est rendu par le pronom possessif, qui se joint à la préposition.

Kwangu, chez moi. *Kwake*, chez toi, etc.

3° Moi, toi, lui, elle, nous, etc., joints à l'adjectif *seul*, se rendent par les adjectifs possessifs, qui s'accordent avec *peke* (seul), comme s'il était un nom de la 3e classe.

Moi seul, *peke yangu*.	Nous seuls, *peke yetu*.
Toi seul, *peke yako*.	Vous seuls, *peke yenu*.
Lui seul, *peke yake*.	Eux seuls, *peke yao*.

4° Moi, toi, lui, etc., joints à même, se rendent par les pronoms personnels isolés, *mimi*, etc., (*mimi mwenyewe*, moi-même), quand il s'agit d'êtres animés. S'il s'agit d'êtres inanimés, ou bien si moi-même, toi-même, etc., sont accompagnés d'un nom, le pronom personnel n'est pas rendu ; on n'exprime que même *-enyewe*, qui s'accorde avec le nom exprimé ou sous-entendu.

Mimi mwenyewe nitaondoka, moi-même je partirai.

Babangu mwenyewe atakuja, mon père lui-même viendra.

Matawi yenyewe yatakatwa, les branches elles-mêmes seront coupées.

---

kisha ku-, dresser, élever, ériger. — *sindikiza ku-*, accompagner quelqu'un une partie du chemin, reconduire. — *songa ku-*, étrangler, serrer. — *sumbua ku-*, ennuyer, tracasser, troubler. — *tafuna ku-*, mâcher, ronger, manger.

VERSION. — Mimi mwenyewe ntaezeka mapaa ya nyumba yangu, wewe utaezeka visusi. — Watu wangu

Moi-même, toi-même, etc., se rendent encore par *nafsi* ou *nafusi* suivi de *-angu*, *-ako*, etc., qui s'accordent ; ou par *moyo*, suivi aussi de *-angu*.

Nafsi yangu, moi-même.
Vous aimerez votre prochain comme vous-même, *Utapenda jirani yako kama nafsi yako.*

5° En, dans ces phrases : s'en aller, allons-nous-en, etc., se traduit par le pronom possessif, auquel on donne invariablement pour préfixe la lettre *z*.

Twende zetu, allons-nous-en.
Walikwenda zao, ils s'en allèrent.
Ende zako, va-t'en.
Endeni zenu, allez-vous-en.

Article 2. — Pronoms relatifs.

DE L'EMPLOI DU PRONOM RELATIF.

Nous avons vu plus haut, au pronom relatif, et à l'article du relatif joint au verbe, la manière dont s'emploie généralement le relatif.

---

wameezeka vibanda vyao peke yao. — Mtu huyu amefunza mafundi yote ya ingi. — Mwanafunzi huyu peke yake asalia sasa kwangu, apate kujifunza. — Akaja mwenyewe kunisindikiza. — Kae nyuma yangu usinitangulie. — Pita mbele yangu unionyeshe njia. — Ndugu yangu hataki kukaa peke yake, asumbuka. — Mwanamke huyu mbaya sana amesonga mwenyewe watoto wake wawili. — Meza dawa hii mara moja, usipoitafuna, hutaona uchungu wake. — Dawa hii chungu sana

I. Lorsque le sujet du verbe est *nani ?* qui ? ou bien le pronom relatif accompagné de *-ote*, il faut intercaler le relatif dans le verbe.

Nani anayekuja ? qui vient ? (mot à mot qui (est) qui vient) ?

Yeyote aliyekwambia, quiconque t'a dit ?

De même, après l'adjectif *-pi ?* quel ? il faut intercaler le relatif dans le verbe.

Mtu yupi atakayenifuata ? qui me suivra ?

Matunda yapi uyapendayo ? quels fruits aimez-vous ?

II. Le relatif régime indirect se traduit absolument de la même manière que le relatif régime direct ; mais le verbe se met à la forme applicative, à moins cependant que la préposition qui joint le régime au verbe ne soit contenue dans le verbe à sa forme simple.

Amène l'homme que tu as frappé, *lete mtu uliyempiga* (*ye*, régime direct).

Amène l'homme à qui tu as fait des reproches, *lete mtu uliyemtolea ukali* (*ye*, régime indirect.)

---

siitaki. — Mwanafunzi peke yake hapati kufanya kazi hii. — Nitakaa naye, nitamfunza mimi mwenyewe. — Kiisha kuezeka ntakwenda zenu. — Twende zetu, nasumbuka huku. — Wakaja nyuma yake wakampiga kiunoni. — Babangu mwenyewe atawasindikiza. — Walikusanyika sokoni wakasimikisha hapo mlingote. — Hapana buddi kuzipiga ndege hizi toka mbali, ukitaka kuzikaribia mno zitaruka.— Nimesahau bunduki yangu, ningalikuja nayo ningalipiga ndege, nyingi zimeruka mbele yangu. — Nakwenda zangu njoo kunisindikiza kidogo. — Enda zako mimi sitakusindikiza. — Utaweka chungu si juu ya meza lakini chini yake

Voici le bateau dont j'ai pris soin, *ndio mtumbwi huu nilioutunza (tunza* signifie prendre soin de).

III. Quand le relatif est régime circonstantiel, on le joint au verbe sans exprimer la particule circonstantielle.

Kisu ulichokatia nyama kiko wapi ? où est le couteau avec lequel vous avez coupé la viande ?

Ndiyo njia tuliokuja, c'est là le chemin par lequel nous sommes venus.

Nota. — On évite le plus souvent l'emploi du relatif comme régime, et on le remplace par une autre tournure.

Article 3. — Pronoms indéfinis.

Les pronoms indéfinis n'ont pas de correspondants en kiswahili, sauf quelques-uns ; ils doivent être rendus par des équivalents, ou des périphrases.

— Autrui, se rend par *wangine*, les autres, ou *jirani* le prochain.

Exercice 66.

Ajiri ku-, louer, engager (des ouvriers, etc.). — *arifu ku-*, informer, apprendre à quelqu'un. — *eleza ku-*, expliquer, éclaircir. — *iva ku-*, être mûr tout à fait, être cuit. — *fukua ku-*, creuser un petit trou comme pour mettre un poteau. — *kama ku-*, traire. — *mea ku-*, croître, grandir (en parlant des plantes.) — *nauli ku-*, louer un bateau. — *pinga ku-*, parier. — *ujira*, gages, solde, prix d'un travail.

Usiwafanye wangine lolote usilolitaka wakufanhye, ne faites pas à autrui, ce que vous ne voudriez pas qu'il vous fût fait.

— Chacun, se rend par *killa*, suivi du nom qu'il représente.

Chacun prit son paquet et partit, *killa mtu alichukua mzigo wake, akaondoka.*

— On, s'exprime souvent par le temps impersonnel *hu*.

Uvinza kupiga tembo, à l'Ouvinza, on tue des éléphants.

Usiku kucha husikia makelele makubwa, toute la nuit on entend de grands bruits.

On, est quelquefois traduit par la 3e personne du pluriel, en sous-entendant *watu* (les hommes.)

Wasema, on dit.

Lorsque *on* ne peut être traduit de la sorte, on a recours aux tournures suivantes :

THÈME. — Qui est-ce qui a apporté ces fruits qui ne sont pas mûrs ? — Qui est-ce qui pourra traire la vache ? — Quiconque voudra la traire aura la moitié du lait. — Qui est-ce qui pourra expliquer mes paroles à cet homme ? — Quels sont les hommes que vous avez engagés ce matin ? — A Oujiji on loue les bateaux très cher. — J'ai engagé dix rameurs, chacun recevra comme paye deux dotis. — Quelqu'un pourra-t-il m'expliquer ce que demande cet étranger ? — Quelqu'un m'a appris que tu as battu ta femme hier. — On dit que les Wajiji sont de bons rameurs. — Qui est-ce qui veut parier avec moi ? — Quelqu'un a parié que les lettres arriveraient demain. — Qui est-ce qui a creusé ces trous ? ils ne sont pas assez profonds. — On a creusé tous les

On frappe à la porte, *mtu anabisha mlangoni*, (actuellement.)

On ne trouve pas le bonheur en faisant le mal (tournez : celui qui fait le mal ne trouve pas le bonheur). *afanyaye vibaya, hapati raha.*

— Quelqu'un, se rend par *mtu* (un homme) ou par *mmoja*, un.

Que quelqu'un vienne, *mmoja aje.*

Quelqu'un vous appelle, *mtu anakwita*, ou mieux *unakwitwa* (tu es appelé).

Quelques-uns, se rend par *-ngine*, qui s'accorde avec le nom.

Quelques-uns sont partis, *wangine wameondoka.*

Quelques-uns sont brisés, (*visu* couteaux), *vingine vimevunjika.*

— Quiconque, est traduit par *yeyote.*

Quiconque t'a dit cela est un menteur, *yeyote aliyekwambia maneno haya, ni mwongo.*

— L'un, se rend par *-moja*, l'autre par *-ngine*, qui prennent l'accord.

Prends l'un et laisse l'autre (couteau), *chukue kimoja, kaache kingine*(*kisu*).

---

trous pour les poteaux de la maison. — J'ai engagé vingt hommes pour faire des briques ; quelques-uns ne savent pas du tout travailler. — Trouve-t-on des bananes mûres au marché ? — Dans deux jours on ne trouvera plus de bateaux à louer.

Exercice 67.

Aga ku-, prendre congé. — *amkia ku-*, saluer. — *chanua ku-*, pousser des feuilles. — *hama ku-*, déménager. — *kana ku-*, nier. — *keti ku-*, s'asseoir, rester. — *pakia ku-*, charger un bateau. — *pofuka ku-*, deve-

Mmoja alikimbia, mwengine alipandia mti, l'un se sauva et l'autre monta sur un arbre.

Aliwapiga wangine, akawafukuza wangine, il frappa les uns et chassa les autres.

L'un et l'autre, se tourne par : tous les deux, *-ote wili*.

L'un et l'autre sont beaux (*visu*, couteau), *vyote viwili vizuri*.

Les uns et les autres, se traduit par *-ote*, qu'on peut faire suivre de *pia*.

Les uns et les autres ne valent rien, (*miti*, des arbres), *yote pia haifai*.

L'un, l'autre, indiquant la réciprocité, se rend par la forme du verbe en *ana*, qu'on peut faire suivre des pronoms *wao, kwao* (entre eux).

Ndugu hawa wapendana, ces deux frères s'aiment l'un l'autre.

Wakasemana wao kwao, et ils se disaient les uns aux autres.

— Personne, se tourne par : pas homme qui..., homme ne... pas.

---

nir aveugle. — *tambaa ku-*, ramper. — *wayo ny-*, plante du pied, au pluriel trace, piste.

THÈME. — Ces deux frères ont eu la petite vérole ; l'un est devenu aveugle, l'autre a perdu un œil. — L'un et l'autre ont été malades. — Ils s'aiment beaucoup l'un l'autre. — L'un et l'autre nièrent qu'ils eussent volé. — Personne n'ignore que vous êtes un honnête homme. — Je ne sais quelles caisses charger dans le bateau ; elles ne sont point marquées. — Personne ne veut rester ici. — Que personne ne reste dans la maison. — Quiconque ne voudra pas s'en aller peut rester sous la véranda. —

Personne n'est entré aujourd'hui dans la maison, *hakuingia mtu leo nyumbani* (n'entre pas homme....).

— Les pronoms indéfinis aucun, nul, plusieurs, tel, ne diffèrent pas en kiswahili des adjectifs indéfinis (voir p. 171).

Enferme bien les bœufs, qu'aucun ne sorte, *funge vyema ngombe, wasipate kutoka.*

Nul n'échappera à la mort, *hapana mtu atakayekimbia kufa.*

Tous ont été malades, et plusieurs sont morts, *wote wamepata ugonjwa, baazi* ou *wangine wamekufa.*

Appelez tel ou tel, *mwite fullani ao fullani.*

CHAPITRE IV

DU VERBE

Article 1. — Accord du verbe avec son sujet.

I. — Lorsqu'il y a plusieurs sujets, le verbe se met au pluriel. — Lorsque les sujets sont de différentes classes, le verbe prend le pronom de

---

Ils prirent congé l'un de l'autre et s'en allèrent chacun chez soi. — Plusieurs ont déjà déménagé, quelques-uns seulement restent encore. — Ces arbres ne sont pas morts, plusieurs déjà poussent des feuilles. — Ces deux hommes se détestent l'un l'autre. — Aucun rameur n'est encore arrivé pour charger les paquets dans le bateau. — Aucun Arabe ne passe devant notre maison sans venir nous saluer. — Il y a beaucoup de pistes d'animaux sauvages auprès de la rivière. — Il rampa comme un

la 1re classe, si un des sujets est un être animé ; si tous sont des êtres inanimés, le verbe prend le pronom de la 4e classe, en sous-entendant *vitu*, et on exprime ordinairement devant le verbe *-ote*, qui prend aussi l'accord de la 4e classe.

Mti na mtu wote walianguka, l'homme et l'arbre tombèrent.

Nyumba imekwisha kabisa, boriti, matete, majani, udongo, vyote vimeanguka, la maison est tout à fait détruite : les solives, les roseaux, l'herbe, la terre, tout est tombé.

II. — Les verbes impersonnels, tels que : il pleut, il faut, ont pour sujet le pronom de la 3e classe *-i-*.

Imekunya sana, il a beaucoup plu.
Imekupasa, tu dois, il faut que tu.....

Article 2. — Valeur des temps.

I. — CONJUGAISON AFFIRMATIVE.

1. Indicatif. — En kiswahili, il y a deux formes pour le présent :

---

serpent, pour n'être pas vu des animaux qu'il voulait tuer.

Exercice 68.

Chacha ku-, fermenter, lever, travailler. — *himiza ku-*, hâter, presser. — *kama ku-*, traire. — *kesha ku-*, veiller, rester éveillé. — *pinda ku-*, courber, plier, bander. — *puta ku-*, battre. — *ramba ku-*, lécher. — *timia ku-*, être complet. — *kete ma-*, rangée de perles enfilées. *sanduku*, caisse, boîte.

La première, dont la particule est, *-a-*, et que nous avons appelée, présent habituel, indique qu'on ne fait pas l'action actuellement, mais qu'on a l'habitude, la facilité, les moyens de la faire.

Nalala usiku kutia, je dors toute la nuit.

Siku zote natembea joni, je me promène tous les jours le soir.

La deuxième forme, dont la particule est *na*, indique au contraire que l'on fait actuellement, *hic et nunc*, l'action marquée par le verbe.

Babangu anakwimba, mon père chante (il fait présentement l'action de chanter).

Ninatembea, je me promène (je suis en promenade).

NOTA. — Ce temps, après un autre verbe, se traduit en français par l'infinitif.

Nalimsikia anakwimba, je l'entendis chanter.

— Il y a trois temps pour le passé. Le 1er, dont la particule est *me*, correspond à notre passé indéfini ; dans une narration, il a quelquefois le sens du plus-que-parfait.

Quand le verbe exprime un état, une manière d'être, la possession d'une qualité, le présent *na* indique qu'on acquiert cette qualité ou cet état,

---

THÈME. — Mes esclaves ne peuvent pas venir s'amuser avec vous, ils battent le riz. — Cet enfant trait trois vaches le matin et deux le soir. — J'ai vu ce chien lécher les mains de son maître, qui l'avait battu. — Un soldat reste par derrière, et presse les porteurs qui s'arrêtent. — Nous sommes restés éveillés toute la nuit. — Pouvez-vous courber cette branche d'arbre jusqu'à terre ? — Cette farine a fermenté. — Il prit une caisse, se

et le temps *me*, qu'on l'a acquise, qu'on la possède ; on le traduit alors en français par le présent neutre, qui a la forme passive.

Fimbo inapotoka, le bâton se tord. *Fimbo imepotoka*, le bâton est tordu (il a fini l'action de se tordre).

Mtungi unajaa, la jarre se remplit. *Mtungi umejaa* la jarre est pleine (elle a fini de se remplir).

Le 2e passé, dont la particule est *ali* ou *li*, correspond à notre passé défini. Pour indiquer que l'action a été faite, non d'une manière transitoire, mais continue, on peut insérer *ki*, après la particule de temps.

Nalimngoja, je l'attendis.

Nalikimngoja, je l'attendis, non un instant, mais longtemps.

Le 3e passé, appelé narratif, dont la particule est *ka*, ne s'emploie que dans le cours d'un récit, après avoir mis le 1er verbe au temps *li* ; il renferme en lui-même le sens de la préposition et.

Walimkamata, wakamfunga, wakampiga, wakamwua, wakamwacha tena, ils le saisirent, le lièrent, le frappèrent, et après l'avoir tué, l'abandonnèrent.

Le futur a le même sens qu'en français ; sa particule *ta* devient *taka*, lorsqu'un relatif est intercalé.

---

sauva, entra dans la forêt, brisa la caisse, vola les sabres qui étaient dedans, jeta le reste, et ne reparut plus depuis ce jour. — Avez-vous complété ces paquets d'étoffe ? — Ces rangées de perles ne sont pas complètes. — Les enfants enfilèrent les perles depuis le matin jus-

II. Conditionnel. — Les conditionnels *nge* et *ngali* ont la même signification que les conditionnels français.

En kiswahili, dans les phrases conditionnelles, le conditionnel et le verbe qui exprime la condition, se mettent au même temps. Ainsi on dira : *Ungeniita ningekuja*, je viendrais si tu m'invitais, mot-à-mot, si tu m'inviterais.

La particule *nga* ne s'emploie guère qu'avec les monosyllabiques : *ningawa*, je serais.

En kiswahili, il y a deux autres temps qui peuvent se rattacher au conditionnel. Le 1er dont la particule est *ki*, peut se traduire en français par le participe présent, par l'infinitif, ou par les conjonctions : si, quand, lorsque, etc.

Ukifanya hivyo wamchukiza Muungu, en agissant de la sorte, vous offensez Dieu.

Nikiondoka nawe ntafurahi sana, je serais très content de partir avec vous.

Ukienda kisimani utapigwa, si vous allez au puits, vous serez frappé.

Ukikwimba, ntacheza, si vous chantez, je danserai.

---

qu'au soir. — Cet homme veille la nuit et dort le jour. — Hier j'ai battu mon riz, aujourd'hui je me repose. — Si ce pain avait fermenté, il serait meilleur. — Si tu pouvais courber ce bois, tu aurais un bel arc. — En pressant vos porteurs, vous arriverez de bonne heure. — Il vint prendre congé de nous, chargea ses étoffes et ses caisses dans un bateau, traversa le lac, et partit au Manyema ; il fut tué en route, et tout son bien fut volé. — Laissez cet enfant, il enfile des perles.

NOTA. — Avec *ki*, le second verbe ne se met pas au conditionnel.

Le 2e temps, dont la particule est *japo*, implique une supposition généralement tout à fait peu probable, et peut se traduire par : dans le cas où, même si.

Nijapoondoka, dans le cas où je partirais.

On peut considérer la particule de ce temps comme étant composée de *kuja* et du relatif *po* ; alors *nijapo* voudrait dire : si je viens à, quand je viendrais à.

Nijapokufukuza, si je viens à vous chasser, dans le le cas où je vous chasserais.

III. IMPÉRATIF.— L'impératif a la même valeur qu'en français et s'emploie dans les mêmes circonstances. Souvent on lui préfixe la particule *ka*, qui remplace alors notre conjonction et.

IV. SUBJONCTIF. — Le subjonctif kiswahili s'emploie toutes les fois que le verbe français est au subjonctif, ou peut être tourné par le subjonctif, sans changer le sens.

Exercice 69.

Andaa ku-, préparer, cuire de la nourriture. — *kamua ku-*, presser, pressurer. — *oka ku-*, rôtir auprès du feu sans graisse. — *kupiga kofi*, frapper avec le plat de la main, souffleter.— *kupiga makofi*, frapper des mains. — *suka ku-*, tresser. — *tamka ku-*, prononcer. — *ala*, *ma-*, ou *ny-*, fourreau, étui.— *jora* ou *gora* pièce d'étoffe. — *kisiwi vi-*, sourd, — *magamba* écaille de poisson.

Je ne veux pas qu'il aille avec vous, *silaki akufuate.*

Dis-lui de s'en aller (qu'il s'en aille), *mwambie aende zake.*

Dis-lui d'ouvrir la porte (qu'il ouvre la porte), *mwambie afungue mlango.*

Au contraire on traduit :

Je veux partir, *nataka kuondoka,* car on ne pourrait pas dire : je veux que je parte.

Les expressions : faut-il que, voulez-vous que, exprimées ou sous-entendues, sont renfermées dans le subjonctif kiswahili.

Niwape watu ruhusa ? faut-il, ou voulez-vous que je congédie mes hommes. ?

Nifanyeje ? Comment voulez-vous que je fasse ?

Le subjonctif s'emploie souvent pour l'impératif ; c'est une forme plus polie. On peut aussi, pour le joindre au verbe précédent, lui intercaler *ka* après le pronom personnel.

Njoo ukanisayidie, viens m'aider (mot-à-mot viens que tu m'aides).

II. — CONJUGAISON NÉGATIVE.

I. INDICATIF. — Il n'y a qu'un présent négatif, qui correspond aux deux présents affirmatifs.

THÈME. — Si tu soufflettes une seconde fois mon enfant, je te chasserai de ma maison. — Quand tu prépares le repas, reste auprès du feu et ne va pas t'amuser au loin. — Si cette femme savait tresser, je lui donnerais du travail. — Les Warundi tressent de jolies corbeilles. — Quand même vous auriez été souffleté, ce n'est pas une raison pour insulter votre maître. — Quand

Le passé, dont la particule est *ku*, s'emploie pour tous les temps passés. On forme quelquefois des passés négatifs avec les particules *me* et *li* des temps affirmatifs, en leur préfixant les pronoms personnels sujets négatifs ; mais ces temps s'emploient rarement.

Simekuwa, je n'ai pas été, *silikuwa*.
Humekuwa, tu n'as pas été, *hulikuwa*.
Simependa, je n'ai pas aimé, *silipenda*.
Humependa, tu n'as pas aimé, *hulipenda*.

Le passé, dont la particule est *ja*, indique que l'action n'est pas encore faite au moment où l'on parle.

Hajafika, il n'est pas encore arrivé.

II. Conditionnel. — Le conditionnel négatif à tous les temps correspond, pour le sens, au conditionnel affirmatif.

Le temps *sipo* est le négatif du temps *ki*, et il doit être employé toutes les fois qu'à l'affirmatif on se servirait du temps *ki* ; il a aussi le sens de sans, excepté.

---

même nous ferions beaucoup de bruit, il n'entendrait pas, il est sourd. — Apportez ces bananes-là et pressurez-les dans ce pot. — Dis-lui de mieux prononcer, je ne puis le comprendre. — Dis-moi comment il faut que je fasse pour mieux prononcer. — Quelques-uns ne peuvent pas prononcer *l*, les autres prononcent *l* et ne peuvent pas prononcer *r*. — Empêche-les de frapper des mains, ils font trop de bruit. — Que le cuisinier ne fasse pas cuire la viande auprès du feu ; qu'il la rôtisse dans la graisse. — Il a perdu le fourreau de son sabre sans s'en apercevoir.

Akaenda asipojua njia, et il avançait sans connaître le chemin.

Akaita watu wote, asipokuwa ndugu yake et il invita tout le monde excepté son frère.

III. Subjonctif. — Le subjonctif négatif s'emploie pour indiquer qu'un but ne doit pas être atteint ; il est aussi d'un usage très fréquent pour indiquer qu'on n'a pas atteint le but qu'on se proposait, ou obtenu la chose qu'on désirait.

Akapiga mbio asimpate, et il courut sans pouvoir l'attraper.

Akaruka asimkamate, et il sauta sans pouvoir le saisir.

Comme l'affirmatif, le subjonctif négatif est souvent employé pour l'impératif.

Le subjonctif *sije* (pas encore) peut souvent se traduire par avant que.

Utamchinja asijekufa, tu l'égorgeras, qu'il ne soit pas encore mort, c'est-à-dire, avant qu'il soit mort.

Enende karudi nisijeondoka, va et reviens, que je ne sois pas encore parti, c'est-à-dire, avant que je parte.

Enlève bien les écailles du poisson, puis tu le feras rôtir avec du beurre. — Vous n'avez pas encore complété le nombre des pièces de ce paquet ?

Exercice 70.

Cheti, vy-, billet, passe-port. — *Jipu, ma-*, furoncle, abcès. — *siafu*, grosse fourmi d'un rouge brun, qui voyage en longue file et mord cruellement. — *sumu*, ail. — *upele, pele*, bouton, pustule. — *wimbi, ma*, vague. — *nyonya ku-*, téter, sucer. — *tumbua ku-*, crever, se briser. — *tumbukia ku-*, tomber dans — *vuna ku-*, moissonner.

Article 3. — Manière de rendre ceux de nos temps qui n'ont pas de correspondant en kiswahili.

Il n'y a pas en kiswahili de verbe auxiliaire jouant dans la conjugaison le même rôle qu'en français ; cependant dans certains cas, on est obligé d'avoir recours au verbe *kuwa* être, pour rendre les temps français qui n'ont pas leurs correspondants en kiswahili, comme l'*imparfait*, le *passé antérieur*, le *plus-que-parfait*, et le *futur antérieur*. *Kutoa* sert à former l'infinitif négatif. *Kuja* forme la particule des temps *japo, dya, sidye.*— *Kwisha* se joint aussi avec d'autres verbes ; il peut alors se traduire par déjà.

Amekwisha kuondoka, il est déjà parti (mot-à-mot, il a fini de partir.)

1° IMPARFAIT. — Il se rend en mettant *kuwa* au temps *li*, et le verbe à conjuguer, au temps *ki*.

Nilikuwa nikipenda, j'étais aimant, c.à-d. j'aimais.
Ulikuwa ukipenda, tu étais aimant, — tu aimais.
Alikuwa akipenda, il était aimant, — il aimait.
Tulikuwa tukipenda, nous étions aimant, c'est-à-dire nous aimions, etc.

THÈME. — Qu'il ait soin de traire la vache avant que son petit ait tété. — Tu reviendras avant que nous ayons moissonné. — Il le poussa très fort, sans pouvoir le faire tomber dans le fossé. — Il était déjà tombé dans le puits, lorsque je suis arrivé. — Il sera bientôt guéri, tous les boutons de la petite vérole sont déjà crevés. — Son furoncle était crevé lorsqu'il vint demander du re-

NOTA. — Dans ce cas, et aussi quand il est joint au relatif, le temps *li* de *kuwa* se traduit par l'imparfait : *aliyekuwa*, qui était.

2° PASSÉ ANTÉRIEUR. — Il se rend en mettant *kuwa* au temps *ki*, et le verbe à conjuguer au temps *me*.

Nilikuwa nikifua nguo zangu alipofika, je lavais mon étoffe quand il arriva.

Nikiwa nimekula, étant j'ai mangé, c'est-à-dire ayant mangé, *ou* quand j'eus mangé.

Ukiwa umekula étant tu as mangé, *ou* quand tu eus mangé.

Akiwa amekula, étant il a mangé, *ou* quand il eut mangé.

Tukiwa tumekula, étant nous avons mangé, *ou* quand nous eûmes mangé.

Nikiwa nimekula niliondoka, quand j'eus mangé, je partis.

Le temps *ki* renferme en lui-même la préposition quand.

---

mède. — Je suis précisément à faire ton billet, attends un peu et tu le recevras. — Abdallah cultivait toujours de l'ail dans son jardin. — Les *siafu* passaient dans la maison, je les ai brûlées, depuis elles ne sont jamais revenues. — Les vagues les plus grandes entraient dans notre bateau. — Quand il eut reçu son passeport, il s'en alla et ne reparut plus. — Quand il eut moissonné son froment, il nous en apporta une grande corbeille. — Husseni semait tous les ans du riz à cet endroit-là même et moissonnait toujours le premier. — Quand son furoncle fut crevé, il ne lui fit plus mal. — Quand il eut reçu son billet, il le plia dans une étoffe, et le mit dans une caisse.

3° PLUS-QUE-PARFAIT. — Il se rend en mettant *kuwa* au temps *li*, et le verbe à conjuguer au temps *me*.

Nilikuwa nimependa, j'étais *ou* je fus j'ai aimé, c'est-à-dire j'avais aimé.

Ulikuwa umependa, tu étais *ou* tu fus tu as aimé, c'est-à-dire tu avais aimé.

Alikuwa amependa, il était *ou* il fut il a aimé, c'est-à-dire, il avait aimé.

Tulikuwa tumependa, nous étions *ou* nous fûmes nous avons aimé, c'est-à-dire nous avions aimé.

Nilikuwa nimekula alipoingia, j'étais j'ai mangé, c'est-à-dire j'avais mangé quand il entra.

4° FUTUR ANTÉRIEUR. — Il se rend en mettant *kuwa* au futur, et le verbe à conjuguer au temps *me*.

Nitakuwa nimekula, je serai j'ai mangé, c'est-à-dire j'aurais mangé.

Utakuwa umekula, tu seras tu as mangé, c'est-à-dire tu auras mangé.

Atakuwa amekula, il sera il a mangé, c'est-à-dire il aura mangé.

— Les *siafu* me mordaient de tous côtés, et je ne savais où me sauver.

Exercice 71.

Bahari, mer (un grand lac est très souvent appelé *bahari*). — *dalali*, crieur public aux enchères, vendeur. — *feza*, argent. — *kovu ma-*, cicatrice. — *mzaha*, dérision, moquerie, amusement. — *kufanyizia mzaha*, se moquer de quelqu'un, le ridiculiser. — *paji la uso*, front. — *shaba*, cuivre. — *zahabu*, or. — *apa ku*, jurer. — *tulia ku-*, rester tranquille, ne pas se déranger.

Tutakuwa tumekula, nous serons nous avons mangé, c'est-à-dire nous aurons mangé.

Nitakuwa nimekula utakapokuja, j'aurai mangé quand vous viendrez, mot à mot je serai mangé quand vous viendrez.

On peut, comme pour le passé indéfini se servir de *kwisha*, pour accentuer plus fortement ces temps composés où entre le temps *me*.

Nitakuwa nimekwisha kuondoka, mtakapokuja, je serai déjà parti quand vous viendrez.

Alikuwa amekwisha kufa, mlipoingia, il était déjà tout à fait mort quand vous êtes entré.

Tukiwa tumekwisha kula, tuliondoka, quand nous eûmes complètement achevé de manger, nous partîmes.

Tous les temps du subjonctif, l'imparfait, le passé et le plus-que-parfait, aussi bien que le présent, sont rendus par le temps simple.

Ataka nimpende, il veut que je l'aime.

Alikuwa akinichukiza siku zote, akataka nimpende, il m'insultait tous les jours, et il voulait que je l'aimasse.

THÈME. Le crieur avait déjà commencé à vendre lorsque je suis arrivé. — Il avait juré de me tuer, je l'ai tué le premier. — La cire était tout à fait fondue quand je l'ai sortie de dessus le feu. — Lorsque le cuivre sera fondu, tu m'appelleras. — Je vais aller à Katanga, et quand j'aurai ramassé beaucoup d'or et de cuivre, je retournerai à la côte et je me reposerai. — Iusuf avait ramassé beaucoup de cuivre, d'argent et d'or, il revenait quand il fut tué en route et tout son bien volé. — Bien que je lui eusse dit de rester tranquille, il se leva et voulut me reconduire. — Bien que tous les enfants l'entourassent en se moquant de lui, il restait tranquille et

Souvent aussi on a recours à une autre tournure.

Bien que je l'aie aidé dans son travail, il ne l'a pas terminé, *nilimsayidia katika kazi yake, hakuimaliza.*

6° PARTICIPE PRÉSENT. — Il se rend par le temps *ki*.

Nikichunga mti nimejikata, je me suis coupé en travaillant du bois.

7° PARTICIPE PASSÉ. — Il est rendu par le temps *me*.

Nimemwona ameanguka chini, je l'ai vu tombé à terre.

Article 4. — Observations sur la manière de rendre le verbe ÊTRE.

En kiswahili le verbe *kuwa*, être, ne joue pas un rôle aussi important qu'en français. Bien souvent il est sous-entendu au présent.

Vous êtes grand, *wewe mkubwa.*

Je suis malade, *mimi mgonjwa.*

---

ne se fâchait point. — En me baignant dans la mer, je fus mordu par un gros poisson et je fus quinze jours malade. — Il avait sur le front une large cicatrice. — Le vent souffle très fort et la mer est mauvaise aujourd'hui, il ne faut pas partir. — Nous sommes beaucoup de rameurs et avons un bon bateau, nous n'avons pas peur, laissez-nous partir. — Cette petite cicatrice. — Cette cicatrice est toute petite.

Exercice 72.

Beti, cartouchière. — *bizaa*, marchandises, étoffes. — *chumba vy-*, chambre. — *chusa vy-*, harpon. — *bun-*

Le démonstratif, placé entre le substantif et le qualificatif, tient lieu du verbe *être*.

Mti huu mrefu, cet arbre est long.

Tandis que le démonstratif *huu* après le qualificatif : *mti mrefu huu*, signifie : cet arbre long.

Kisu hiki kizuri, ce couteau est beau.
Kisu hizuri hiki, ce beau couteau.

Ni et les pronoms personnels sujets, dont on se sert pour exprimer le présent ne sont pas employés indifféremment. Il semblerait que *ni* est préféré lorsqu'on a principalement en vue l'existence de la qualité ou de l'état qu'on affirme avec le verbe *être*. Ainsi en répondant à cette question : Qui est votre frère ? si je dis ! Mon frère est sultan, c'est sur l'idée de sultan que porte la force de la phrase, et je dis : *Ndugu yangu ni sultani*. Tandis qu'en répondant à cette autre question : Tout le monde est-il prêt ? si je dis : Nous, nous sommes prêts, c'est sur nous que porte la force de la phrase ; c'est comme si je disais : Quant à nous, nous sommes prêts, et je

---

duki gumegume, fusil à pierre. — *kasiba*, canon de fusil. — *mzinga mi-*, canon. — *ngazi*, échelle. — *rasi*, cap. — *chafia ku-*, éternuer.

THÈME. — Il éternuait quand il voulait. — Sa maladie est d'éternuer toute la journée. — La chambre de ton maître est-elle propre ? — Où est l'échelle pour monter sur la maison. — Il y a des canons dans lesquels un homme tout entier peut entrer. — Le canon de fusil est tout à fait sale, il faudra le nettoyer demain.— Ces

dirai : *tu tayari.* En général, on devrait se servir des pronoms lorsqu'en français on peut retrancher le verbe *être,* sans changer le sens de la phrase : on pourrait mettre « nous prêts », tandis que « mon frère sultan » n'a plus le même sens que « mon frère est sultan », *ndugu yangu ni sultani.*

NOTA. — Cette nuance entre la signification de *ni,* et celle du pronom personnel, indiquée par M. Steere, n'est pas très facile à saisir. C'est surtout par l'usage, qu'on apprend l'emploi de ces deux formes.

En kiswahili, l'impersonnel : il y a, il y avait, etc., s'exprime par le verbe avoir *kuwa na* ou *kuna* avec la particule pronominale sujet de la 9° classe, quand à l'idée d'existence n'est pas jointe l'idée de lieu.

Il y a des hommes méchants, *kuna watu wabaya*

Il y avait un homme qui s'appelait Moïse, *palikuwa na mtu jina lake Musa.*

Si au verbe il y a, est jointe l'idée de lieu, on le traduit par le verbe être, *kuwa.*

Il y a beaucoup de monde au marché, *sokoni wako watu wengi.*

Il y avait ici autrefois une grande ville, *mgi mkubwa ulikuwa huku zamani.*

---

temps-ci, il n'y a plus du tout de marchandises à Ujiji. — Ma cartouchière est vide. — Nous achèterons à l'Uvira des harpons. — Ce canon est très gros. — J'ai perdu les harpons que j'avais apportés. — Il avait

Article 5. — Remarques sur les verbes dérivés.

Chaque verbe dérivé peut être considéré comme un verbe à sa forme simple ou primitive, dont on peut former d'autres verbes dérivés, suivant le besoin. Ainsi un verbe causatif peut être mis, selon les cas à la forme applicative, passive ou pronominale, et réciproquement.

1° VERBES APPLICATIFS. — Lorsqu'on parle d'une chose servant à un usage particulier, le verbe exprimant cet usage doit être mis à la forme applicative, et on le fait précéder de la préposition *a-*, qui s'accorde avec le nom, comme il a été dit plus haut.

Le couteau à couper la viande, *kisu cha kukatia nyama.*

Le sac à mettre l'argent, *kifuko cha kutilia feza.*

Pour indiquer que l'action marquée par le verbe doit être faite au loin, qu'on n'en veut point, qu'on veut en être débarrassé, on met ce verbe à la forme applicative, et on le fait suivre de *mbali*.

Afie mbali, qu'il aille mourir au loin.

Enende kupotelea mbali, allez périr (vous perdre, vous faire pendre) ailleurs, loin d'ici.

---

perdu sa cartouchière. — Cherche l'échelle qui sert à descendre dans le puits. — Montrez-moi le cap d'où l'on part pour traverser le lac. — Il y avait autrefois beaucoup de fusils à pierre. — Il y avait autrefois dans cette chambre un lit magnifique. — Tu donneras à mon ami une belle chambre. — Ils donnèrent à Saïd Berghash dix canons.

Kupotea a cela de particulier qu'il s'emploie comme étant un verbe applicatif, quoiqu'il n'y ait point de verbe *kupota*, dont il soit formé. Ainsi, j'ai perdu mon rasoir, ne se traduira pas : *nimeupota wembe wangu*, mais bien : *wembe wangu umenipotea*, mon rasoir est perdu pour moi. Beaucoup de verbes ont cette terminaison d'un verbe applicatif, tout en étant à leur forme simple et primitive : ainsi *kusikia* entendre, *kutangulia* précéder, *kusayidia* aider, ne sont nullement des verbes applicatifs, quoiqu'ils en aient la terminaison.

D'autres verbes à la forme primitive en kiswahili, ont en français le sens applicatif : *kutunza*, prendre soin de ; *kupa*, donner à. Ce dernier a cela de particulier qu'il veut toujours avoir le pronom personnel intercalé. Pour exprimer le sens qu'aurait le verbe à sa forme simple, il faut avoir recours à un autre verbe. Il a donné beaucoup d'étoffes, *ametoa nguo nyingi*.

— Si vous perdez vos harpons, je ne vous en donnerai plus d'autres. — Il a donné à chacun de ses hommes une cartouchière toute neuve. — Le cap que les marins du Tanganyika craignent le plus, est le cap Kabogo, ils ne passent jamais sans donner quelque chose.

Exercice 73

Fanusi, lanterne. — *gogo ma-*, tronc d'arbre, grosse bûche. — *hasho ma-*, morceau de planche pour réparer un bateau. — *mangaribi* ou *magaribi*, le soir. — *meshmaa*, chandelle. — *mgongo mi-*, dos, épine dorsale. — *serkali* ou *serikali*, le gouvernement, l'autorité.

2º VERBES PASSIFS. — Nous avons vu dans la première partie, que le passif de la forme applicative est employé pour le passif de la forme simple, quand le verbe est terminé par deux voyelles, ou par les voyelles *e, i, u* : *kutwaa* prendre, *kutwaliwa* être pris, forme de *kutwalia*. Mais ces passifs et tous ceux de cette forme peuvent être employés avec leur sens propre, c'est-à-dire, comme passifs applicatifs : *kuletea* apporter à, *kuletewa* être apporté à.

L'emploi de ce passif offre une petite difficulté qu'il importe de bien saisir. Ainsi cette phrase : il m'a apporté une lettre, *ameniletea barua*, ferait au passif, en français : une lettre a été apportée à moi, et traduisant littéralement en kiswahili, nous aurions : *barua imeniletewa*. Or cette construction serait tout à fait défectueuse, en kiswahili le régime indirect de la forme applicative active devant être sujet au passif. Dans *ameniletea barua*, c'est *ni* qui est régime indirect ; il doit donc être sujet au passif, et on aura : *nimeletewa barua*, qui ne peut se traduire littéralement en français, mais dont le sens est : une lettre m'a été apportée, mot-à-mot j'ai été apporté (quant à) une lettre.

Danganya ku-, tromper, duper. — *shtaki, ku-*, accuser, poursuivre en justice. — *wasili ku-*, arriver, atteindre, rejoindre.

THÈME. — De vos nouvelles me sont arrivées dans

Alifunguliwa mlango, la porte a été ouverte pour lui.
Alipikiwa nyama, la viande a été cuite pour lui.

3° VERBES CAUSATIFS ET PRONOMINAUX. — On trouve quelques exemples de verbes causatifs et pronominaux formés d'adjectifs étrangers, en changeant leur dernière syllabe en *isha* ou *esha*, *ika* ou *eka*.

Safi, propre, *Kusafisha*, rendre propre.
Rahisi, bon marché, *kurahisisha*, faire diminuer de prix.
kurahisika, devenir meilleur marché.

4° AUTRES PARTICULARITÉS DES VERBES. — 1° En doublant le radical du verbe, on lui donne l'idée de complet achèvement de l'action qu'il exprime.

Kukata, couper, *kukatakata*, couper complètement, tout à fait.
Kupasuka, se déchirer, *kupasukapasuka*, se déchirer complètement.

5° Quelques verbes ont une forme en *ua*, qui leur donne précisément le sens contraire au

---

une lettre que j'ai reçue hier. — J'ai été accusé à faux. — Des morceaux de planches pour réparer le bateau m'ont été apportés par le charpentier. — Nous avons été trompés par le Hindi qui nous a vendu des étoffes. — Il a fait le paresseux, et il a été frappé de vingt coups de bâton dans le dos. — Une lanterne m'a été donnée pour m'éclairer dans le chemin et je l'ai perdue. — Une caisse de bougies m'a été volée en route par les soldats de la caravane. — Des troncs d'arbre ont été apportés près de ta cuisine, tu les fendras pour avoir du bois de chauf-

sens qu'ils ont à la forme simple. On les prendrait facilement dans le langage pour une forme passive.

Kucha, se lever.	*kuchua*, se coucher (se disant du soleil).
Kufumba, fermer(lesyeux).	*kufumbua*, ouvrir.
kufunga, lier.	*kufungua*, délier.
Kufuka, remplir un trou.	*kufukua*, sortir la terre d'un trou.
Kuazima, prêter.	*kuazimua*, emprunter.

6° Quelques verbes neutres prennent un sens actif en changeant *a* final en *ya*.

Kupona, guérir (neutre).	*kuponya*, guérir (actif)
Kuogopa, craindre.	*kuogofya*, effrayer

Article 6. — Des verbes FALLOIR et POUVOIR.

1° Le verbe pouvoir a son correspondant en kiswahili, *kuweza* : je puis monter, *naweza kupanda* ; mais quand il signifie avoir la permission il se rend par *halali*, et le négatif par *haramu* (défendu, non permis).

---

fage. — Chez nous on ne peut pas chasser toute l'année, le gouvernement le défend. — A Zanzibar et à Ujiji, les femmes arabes ne peuvent sortir pour se promener que le soir après le coucher du soleil. — Chez nous, tout le monde ne peut pas cultiver du tabac, il faut avoir la permission du gouvernement. — Il faut que nous partions ce soir, si nous voulons arriver demain. — Il faut que vous payiez immédiatement votre dette tout entière ou

Kwenu halali kula damu ya nyama ? chez vous peut-on manger le sang des animaux ?

Ndiyo halali, oui, on le peut.

Haramu kufanya kazi juma ya pili, on ne peut pas travailler le dimanche.

2° Falloir se rend par *sharti* ou *sharuti* ou *shuruti* (nécessaire), ou par le négatif de *kuwa na buddi* (avoir moyen d'éviter, d'échapper).

Sina buddi, je dois, il faut que je (mot à mot, je n'ai pas moyen d'éviter).

Huna buddi, tu dois, il faut que tu.

Hana buddi, il doit, il faut qu'il.

Hatuna buddi, nous devons, il faut que nous.

Hamna buddi vous devez, il faut que vous.

Hawana buddi, ils doivent, il faut qu'eux.

Hapana buddi, il le faut.

Après *kuwa na buddi* on peut employer indifféremment l'infinitif ou le subjonctif.

Sina buddi kuondoka ou *niondoke sasa hivi,* il faut que je parte immédiatement.

Huna buddi kuja kesho, il faut que vous veniez demain.

---

je vous fais enchaîner et vous travaillerez comme mon esclave.

Exercice 74.

Asi ku-, désobéir, ne pas remplir son devoir. — *fanana ku-,* ressembler, être semblable. — *nawa ku-,* se laver. — *noa ku-,* aiguiser. — *palia ku-,* piocher, cultiver. — *sawanisha ku-,* rendre égal, uni, de niveau. — *tii ku-,* obéir. — *zama ku-,* plonger, s'enfoncer. — *chuja ku-,* filtrer. — *kinywaji vi-,* boisson, breuvage.

THEME. Il faut que vous m'obéissiez, si vous ne

Falloir est encore rendu par *kupasa* (concerner, être à devoir).

Imenipasa, il faut que je (mot à mot, il me concerne, c'est mon devoir de).

Imekupasa, il faut que tu.

Imempasa, il faut que lui, etc.

Imetupasa kufanya kazi, il faut que nous travaillions.

Imekupasa ukae kukuhuku, il faut que tu restes ici même.

Cette forme est peu employée.

CHAPITRE V

FORMULES DE POLITESSE

Le salut le plus employé, et qui sert pour toute la journée, est *yambo* ou *jambo*, auquel on répond par le même mot *yambo*. Souvent on insiste en répétant la même salutation et y joignant *sana*. *Yambo sana yambo sana*. Il est plus correct de dire *hu jambo ?* auquel on répond *si jambo*, ou *si jambo kidogo* ; en parlant d'un tiers, *ha jambo*. On dit encore, *u hali gani ?* qui correspond à notre « comment vous portez-vous ? »

---

le voulez pas de bonne volonté, je vous ferai obéir de force. Il faut que vous frappiez cet enfant toutes les fois qu'il vous désobéira. — Il faut que vos filtriez cette boisson avant de l'apporter sur la table. — Il faut que j'égalise bien ce terrain avant d'y planter des légumes.

on répond : *ngema*, *aksanti* ou *marhaba*, bien, merci. Comme chez les Arabes, il n'est pas poli en général de demander des nouvelles de la femme, tout au plus peut-on dire : *hu jambo nyumbani ? Hali gani nyumbani* ? comment va-t-on à la maison ?

Très souvent on se sert de formules de politesse arabes, que l'on défigure plus ou moins. Pour le matin *sbah el kheir*, et au pluriel, *sbahkum bel kheir*, bonjour, bonjour à vous. Le soir, *msa bel kheir*, et au pluriel, *msakum bel kheir*, bonsoir, bonsoir à vous. A ces deux salutations du matin et du soir, on répond par les mêmes termes, ou par *Allah bel kheir*. Il y a aussi la formule générale, *Salaam* ou *salaamu*, ou *salamu*, ou *Salaam alik*, salut sur vous, au pluriel *salaam alikum*. On répond, *alik es salaam*, sur vous le salut, au pluriel *alikum es salaam*.

A notre usage de frapper à la porte, correspond ce que les Waswahili appellent *kubisha* ou *kupiga hodi*, qui consiste à crier *hodi* ! en approchant ; il n'est pas poli d'entrer sans s'annoncer de la sorte et sans attendre la réponse.

— Le crocodile plongeait toutes les fois que je voulais lui tirer mon coup de fusil. — Plongez devant moi, que je voie combien de temps vous pouvez rester sous l'eau. — Il piochait dans son champ pour y planter du manioc, quand il fut mordu par un serpent et il mourut trois jours après. — Vous n'avez pas encore aiguisé ma

Si l'on est visible, on répond : *hodi ! karibu* ou *karibu, bwana !* il est poli alors de se lever et d'aller au-devant du visiteur, de le saluer comme il a été dit plus haut et de l'inviter à s'approcher et à s'asseoir : *karibu, kaa kitako.* Le visiteur doit dire : *starehe, bwana, starehe !* ne vous dérangez pas. On demande alors des nouvelles de la santé : *hu jambo ? u hali gani ?* etc. Si on est malade, on peut faire connaître son indisposition, et répondre : *siwezi,* je suis malade, ou *si jambo kidogo,* je ne suis pas bien. Dans les premières salutations, il est convenable de toujours répondre *yambo* ou *si jambo.* De même il est d'usage, quand on demande quelles nouvelles ? *habari gani ?* de toujours répondre d'abord *ngema* ou mieux *kwema* ; plus tard on s'explique *ngema, lakini si ngema sana.*

Lorsque le visiteur veut s'en aller, il annonce son départ en disant : *nakwenda* ; on répond : *marhaba !* je vous remercie (de votre visite) ; on se lève en même temps que lui pour le reconduire.

---

hache ? il faut que vous l'aiguisiez immédiatement, car car je veux l'emporter en m'en allant. — Il faut que vous vous laviez tous les matins la figure et les mains, en vous levant, avant de prier. — Quand tu auras fini de te laver et fait ta prière, tu laveras les assiettes, puis tu iras à la rivière laver mon linge. — Ces deux frères se ressemblent parfaitement, il faut que je leur fasse une marque pour que je puisse les reconnaître. — Le kiswahili ne ressemble point aux langues de chez nous.

Il vous prie encore de ne pas vous déranger, en disant : *starehe, bwana, starehe.* Si le visiteur est un personnage important, il est bon de l'accompagner jusqu'au delà du seuil de la porte ou de la véranda ou même plus loin.

Les formules de politesse pour se quitter sont : *kwa heri* (restez) avec le bien, le bonheur, ou *Allah imesik bel kheir* ou simplement *Allah imesik* ; au pluriel, *Allah imesikum* ou *Allah imesikum bel kheir.* Pour le matin, *Allah isebahk bel kheir* ; au pluriel, *Allah isebahkum bel kheir.*

Les esclaves et les femmes saluent, en disant : *shika mo* (pour *nashika miguu*) ; on répond : *marhaba !*

Pour une bonne parole, un service offert ou rendu, on remercie en disant : *Aksant* ou *aksanti*, ou *marhaba !*

FIN

TABLE DES MATIÈRES

DEUXIÈME PARTIE : SYNTAXE

Imprimerie des Missionnaires d'Afrique. — Maison-Carrée (Alger).
2000 — 24-12-27.

www.ingramcontent.com/pod-product-compliance
Ingram Content Group UK Ltd.
Pitfield, Milton Keynes, MK11 3LW, UK
UKHW022013170726
13837UKWH00001B/161

9 782329 174013